● 本书得到国家社会科学基金青年项目（项目编号：13CTQ045）与
国家自然科学基金项目（项目编号：71764036）的支持，并获得云

义务教育信息资源

协同配置与
绩效评估

罗廷锦◎著

知识产权出版社
全国百佳图书出版单位
—北京—

图书在版编目（CIP）数据

义务教育信息资源协同配置与绩效评估 / 罗廷锦著. —北京：知识产权出版社，2021.6
ISBN 978-7-5130-7567-1

Ⅰ.①义…　Ⅱ.①罗…　Ⅲ.①义务教育—教育资源—信息资源—资源配置—研究—中国　Ⅳ.①G522.3

中国版本图书馆 CIP 数据核字（2021）第 119196 号

内容提要

本书以欠发达地区中小学为研究对象，以协同学理论作为信息资源"共建共享"目标实现的价值依据，对欠发达地区城乡义务教育信息资源配置中存在的问题进行了初步探索。在深入分析城乡义务教育信息资源配置效率和使用共享情况的基础上，构建了城乡义务教育信息资源协同配置模型，探究进一步提升资源配置效率和使用效率的协同配置机制，完善教育信息资源协同配置机制，促进城乡教育信息资源协同发展。本书可作为信息资源配置相关研究人员和教育技术学硕士、博士研究生参考用书。

责任编辑：许波　　　　　　　　　　　责任印制：孙婷婷

义务教育信息资源协同配置与绩效评估
YIWU JIAOYU XINXI ZIYUAN XIETONG PEIZHI YU JIXIAO PINGGU

罗廷锦　著

出版发行：**知识产权出版社** 有限责任公司	网　　址：http://www.ipph.cn
电　话：010-82004826	http://www.laichushu.com
社　　址：北京市海淀区气象路 50 号院	邮　　编：100081
责编电话：010-82000860 转 8380	责编邮箱：xubo@cnipr.com
发行电话：010-82000860 转 8101	发行传真：010-82000893
印　　刷：北京中献拓方科技发展有限公司	经　　销：各大网上书店、新华书店及相关专业书店
开　　本：720mm×1000mm　1/16	印　　张：15
版　　次：2021 年 6 月第 1 版	印　　次：2021 年 6 月第 1 次印刷
字　　数：221 千字	定　　价：78.00 元
ISBN 978-7-5130-7567-1	

教育信息化的发展，不断促使信息技术在教育教学中的应用以及与学科教学深度融合，对传统教育模式和方法带来巨大的冲击和挑战。利用互联网能够共享丰富的信息资源，打破时空限制，使终身学习和泛在学习成为现实；且教学中广泛应用信息技术，能丰富信息知识的传递、呈现和加工方式，进一步优化教学结构，培养学生的逻辑思维和创新能力，提高教学质量，促进教育公平，为构建学习型社会、建立人力资源强国提供一项重要的选择。

在信息化社会，要实现教育公平，首先需保障人人都有机会获得教育信息资源。不可否认，资源具有稀缺性，特别是优质教育信息资源更为匮乏，如何均衡教育信息资源配置，实现城乡教育一体化发展，一直是政府和学界关注的重要课题。

为解决教育信息资源非均衡化发展的问题，学者从不同视角、领域探索和研究影响资源配置的主要因素，以期找到教育信息资源合理化配置方法，纠正资源错配，减少资源浪费，让优质资源惠及每一位用户，实现资源社会福利极大化。

国家通过强化农村中小学教育信息化建设，进一步带动信息资源的不断完善和优化，促进城乡义务教育均衡发展。2012 年，时任国务院副总理刘延东在全国教育信息化工作电视电话会议上提出，"三通两平台"是"十二五"信息化建设的核心目标和标致工程，通过建设"教育资源公共服务平台"和"教育管理公共服务平台"，实现"宽带网络校校通、优质资源班班通、网络学习空间人人通"，逐步缩小地区间、城乡间、校际间的差距。党的十八大报告明确提出，促进教育公平，合理配置教育资源，均衡发展九年义务教育，重点应向边远、贫困和欠发达地区倾斜，加速推进欠发达地区教育信息化发展，缩小区域间、城乡间"数字差距"，为欠发达地区提供优质教育资源。2013 年《中共中央关于全面深化改革若干重大问题的决定》强调，教育信息化是实现教育现代化的前提和重要建设内容，需要把教育信息化纳入国家信息化发展战略体系，利用信息化手段扩大优质教育信息资源覆盖面，推进数字化教育信息资源共建共享。

随着《教育信息化"十二五"规划》《教育信息化"十三五"规划》《教育信息化 2.0 行动计划》等规划的实施，我国中小学教育信息基础设施不断完善，极大地促进了教育资源的数字化和信息共享通道的便利化，使得教育信息资源在中小学得到了快速普及和广泛应用。

然而，教育信息化的快速发展和教育信息资源的广泛应用依然没有完全解决优质教育信息资源均衡发展的问题。一方面，教育信息资源爆炸式增长与学习者个性化需求快速增长之间的矛盾并未得到实质解决，教育信息资源成几何倍数增长，面对海量资源，学习者却无法获得优质的个性化教育信息资源，供需失衡，形成错配，导致花费大量人力、物力、财力开发建设的教育信息资源不能与使用主体形成关联，与教育教学机构、教师和学习者匹配，为用户所用，发挥资源效用，推动教育教学模式、内容、方法的变革与创新，提高教学质量，而是带来社会资源的极大浪费和损失。另一方面，信息革命不仅带来数字红利，同样也带来数字鸿沟，致使城乡之间的信息差距越来越大，形成"优者愈优，贫者愈贫"的马太效应，带来地区间更大的教育不公平，越发达的城镇，教育信息资源越丰富，教育质量越高；越落后的农村地区，教育信息资源越匮乏，教育质量越低下。同时，由于缺少有效的共建共享机制，欠发达地区的农村中小学不仅优质教育信息资源匮乏，且资源配置效率和资源共享程度也不高，加之师生对教育信息资源的释义、重要性和作用认识不足，信息技术能力欠缺，致使现有教育信息资源没有得到充分共享与利用。

在前人研究的基础上，本书以协同学理论作为信息资源"共建共享"目标实现的价值依据，对欠发达地区城乡义务教育信息资源配置进行初步探索，为今后的教育资源均衡配置研究提供一点有益的启示。

优化资源配置，需发挥政府的主导作用，以政府宏观调控为主，市场配置为辅，协调经济调控、管理体制和权益保护在资源配置中的关系，为资源主体的实际需要，从时间、空间和资源数量三个维度创新资源配置模型，完善资源配置标准，对有限的义务教育信息资源进行选择、匹配和重组，最大限度地满足师生教学和学习需要。完善教育信息资源，需协调资源配置中各子系统的关系，充分发挥政府、学校、市场的作用，完善多方参与的协同机制，垂直方面以政府规划、投入为主，鼓励学校、企业和社会力量共同参与，共建优质、个性化的教育信息资源；水平方面促进校际间、资源使用主体间互通共享，实现资源的可持续发展。发挥资源效率，关键在人，因此，需进一步提高师生信息素养能力，提高其信息技术应用水平，促进信息技术与学科课程的深入融合，提高资源的使用效率。

罗廷锦

2020 年 11 月 11 日于昆明

目　录

第一章

引　论

教育信息化是实现教育现代化的必由之路，教育信息资源的开发利用是教育信息化建设的核心和基本内容。通过应用教育信息资源和现代信息技术进行教育教学模式、方法、内容的改革和创新，最终实现教育现代化，是构建终身学习体系，促进基本公共教育服务均等化，实现教育公平的重要保障。只有构建优质、丰富的教育信息资源，才能为推动教育教学模式、方法的改革与创新创造条件，实现教育现代化，推动个性化学习和智慧教育发展，满足 21 世纪人类学习的需要。

一、研究背景

　　逐利本是人性使然，也是社会发展的推手。优化资源配置，纠正资源错配，减少资源浪费，以较少的资源投入获得最大化收益，实现资源社会福利极大化，既是人性逐利的结果，也是社会发展与进步的必然。资源本身是稀缺的，特别是优质资源更为匮乏，教育信息资源也不例外。教育信息资源的设计与开发投入大，技术要求高，如果资源配置不合理，形成错位，优质教育信息资源不能与使用主体形成关联，与教育教学机构、教师和学习者匹配，为教师和学习者所用，就不能发挥信息资源的作用，带来效用，推动教育教学模式和方法的变革与创新，提高教学质量，还会造成信息资源本身和开发信息资源所投入的人力、物力、财力等其他社会资源的浪费和损失。因此，国际社会和各国政府高度关注教育信息资源配置问题，它不仅是教育公平的基础，也是教育教学模式、方法、内容革新的重要保障。

（一）国际社会高度关注教育信息化建设与信息资源配置

作为教育改革与发展的重要推手，教育信息化不仅是教育现代化建设的重要选择和内容，也是推进现代教育治理能力提升的重要手段，能够快速推进教学信息化、教育资源的数字化和呈现方式的多媒体化、教育内容组织结构非线性化、教育信息传递网络化、教育信息资源推送智能化、师生交互开放化，以及学习个性化和协作化。教育信息化建设是一项系统工程，不仅包括计算机终端、宽带网络等信息技术基础设施（硬件）的建设与完善，还包括信息化管理平台、数字化教育教学资源、政策法规保障措施等软件的建设与完善，最终实现教育现代化。

2015 年韩国《仁川宣言》、中国《青岛宣言》以及《教育 2030 年行动框架》等国际教育规划的发布，从全球层面提出了教育信息化发展的目标、策略和要求，构筑了此后 15 年世界教育发展的远景，确立了教育信息化是实现这一愿景的重大课题。信息通信技术（Information and Communications Technology，ICT）应用与教育信息化在世界教育教学改革与发展中具有前所未有的作用，明确教育信息化战略的核心，占领实践教学改革领域的高地，必须强化 ICT 技术在教育教学中的应用，实现信息技术与学科课程教学的深度融合，促进教育教学模式、方法、内容的变革与创新。

重视教育信息资源的开发、建设与共享，实现教育的可持续发展，加快实施教育信息化已成为各国政府、学术界研究和关注的焦点。许多国家结合自身的国情和现有条件，制定本国教育信息化发展规划，重视教育信息资源的优化配置。如美国的《国家教育技术计划（NETP）》、英国的《ICT 发展规划》、德国的《信息与通信技术战略》、韩国的《教育信息化总体规划（Master Plan）》、新加坡的《国家基础教育信息化总体规划（Master Plan）》、印度的《高等教育信息化 2030 愿景》等规划，都把教育信息资源建设放在了突出的位置。

（二）我国政府高度重视教育信息化发展和资源共建共享

在我国的国民教育体系中，义务教育在基础教育阶段处于基础性、先导性的地位，基础教育信息化是扩大和推广义务教育优质信息资源共享和应用的保障。优质教育信息资源设计、开发、合理公平配置是教育信息化发展的基础和主要建设内容，对教育信息化的发展水平有着重大影响。教育信息化发展不仅需要解决"路"的问题，还需要解决"货"的问题，若离开教育信息资源的建设与共享，教育信息化的发展将缺少重要的基石，信息化教学将无"货"可用。

当前，我国城乡教育信息资源配置不均、共享不畅、ICT 教育应用能力低已成为制约基础教育信息化发展的主要因素。《教育信息化"十二五"规划》《教育信息化"十三五"规划》《教育信息化 2.0 行动计划》以及 2013 年《中共中央关于全面深化改革若干重大问题的决定》等强调，教育信息化是实现教育现代化的前提和重要建设内容。通过教育信息化促进教育现代化，需把教育信息化纳入国家信息化发展战略体系之中，构建通过利用信息化手段扩大优质教育信息资源覆盖面的有效机制，逐步缩小区域间、城乡间和校际间的差距，推进数字化教育信息资源的共建共享。

（三）促进教育公平需要合理配置教育信息资源

教育是消除贫困、实现充分就业、促进社会发展、实现人类文明、改变社会公平的一种无与伦比的重要手段。获得公平教育的机会、全纳、有质量、高效的学习是 21 世纪公民的基本权利❶，也是实现终身学习教育理念的必要条件。全球教育发展的主要问题仍是公平缺失。教育资源配置不合理导致教育非均衡发展，进而导致教育不公平，加大社会分层和不平等，如最贫困 20% 家庭的儿童失学率是最富有 20% 家庭的 4 倍；教育资源配置不均导致城乡教育发展不均衡，如埃塞俄比亚城市小学生毕业率为 82%，而农村

---

❶　周红霞 .2030 年教育：迈向全纳、公平、有质量的教育和全民终身学习—— 2015 年世界教育论坛《仁川宣言》[J]. 世界教育信息，2015, 28（14）：35-38.

仅有 35%（2011 年数据）；尼日利亚城市初中学生毕业率为 75%，农村仅为 37%（2013 年数据）❶。

教育信息资源的获得不是一种特权，它是确保获得公平教育，实现全民教育的基础，进而消除文盲和贫困，推动社会进步。《教育 2030 年行动框架》指出，2015 年至 2030 年全球教育的首要任务是转向和重点关注可持续教育。要实现可持续的教育发展，就要消除入学、学习参与和学习结果中出现的任何形式的边缘化、排斥和不平等，优化信息资源配置，进一步扩大优质教育资源的共享与覆盖面，加快推进现代远程教育，促使终身教育体系的建立，让每个人都能公平获得丰富、优质的教育资源，接受完全免费、优质、公平的教育，让教育成为解决现实生活问题的答案。

（四）教育信息资源是推动教学模式和方法变革的必要条件

教育信息化要求在教育教学过程中充分利用以计算机和网络为核心的信息技术，特别是计算机和互联网在教育教学中的应用和普及，实现教育信息资源更为合理、公平的配置，促进信息技术与教育的深度融合，对传统教育模式、方法、理念产生巨大影响，促使教育教学模式、方法和学习方式的变革，产生新的教学模式，如翻转课堂、STEM 创新教学、创课、智慧课堂等，促使传统教育向数字教育、智慧教育发展。

在信息化环境中，通过高速宽带互联网，实现家庭、学校、图书馆、博物馆、社会公共场所的互联互通，让家庭、学校、图书馆、公共场所变成学习的空间，利用互联网和数字化环境带来的丰富教育信息资源，构建不受时间、空间、区域限制的学习型社会，使学习突破传统时间和空间限制，实现"人人皆学、处处能学、时时可学"，推动数字化、网络化、个性化和终身化教育体系的建立与发展。然而，没有丰富、优质的教育信息资源，一切只是理论假设。

❶ 俞可 .2030 教育愿景：实现人人享有尊严生活 [J]. 世界教育信息，2015, 28（20）：21-26.

（五）大数据时代智能化教学需要均衡配置信息资源

　　信息化社会，数据信息是最直接、最为丰富的教育资源，它既有利于教师的教学与过程的评估，也有利于学生的自主学习与自我评价。信息化带来教育数据化，促使教育大数据快速发展。大数据不仅是信息资源，也是一种新的认知技术和工具，在教育教学中应用大数据、使用大数据技术能够促进现代教育体制、方法、模式的变革与创新，对人类思维活动带来革命性的影响，人工智能将深入影响人类的认知。

　　大数据时代，人们通过纷繁复杂的全数据分析事物间的相关关系，进而分析教育教学中存在的问题❶，以及通过使用包括教育云平台中的课程资源、教师授课材料、在线视频、在线测试等教育信息资源，促进学习者进行基于资源的个性化学习，优化教育教学结构，使教育更具个性化，打破传统填鸭式的流水线作业教育模式，通过网络学习空间不仅可以促进师生、生生和家校交流，还可以通过教育云平台记录学习者的学习过程，通过数据挖掘，分析学习者的学习行为与学习需求，提供智能化的学习推送服务。

二、研究的价值和意义

　　教育均衡发展是教育公平研究的重要课题。党的十八大报告明确提出："均衡发展九年义务教育""大力促进教育公平，合理配置教育资源，重点向农村、边远、贫困和欠发达地区倾斜"。目前，教育信息化已纳入国家信息化发展的整体战略，通过教育信息化促进义务教育均衡发展的观点已深入人心。加速推进欠发达地区教育信息化的发展，优化教育信息资源均衡配置，在教育教学中共享优质教育信息资源不仅可以缩小区域间、城乡之间的"数字差距"，还能为欠发达地区农村中小学提供优质教育资源，实现欠发达地区农村义务教育质量整体提升。2016年李克强总理在政府工作报告中提出，为实现更公平的教育，需要加快推进远程教育的发展，进一步促进优质教育

---

❶　维克托·迈尔·舍恩伯格，肯尼思·库克.大数据时代——生活、工作和思维的大变革[M].盛杨燕，周涛，译.杭州：浙江人民出版社，2012：35.

资源共享，扩大优质教育资源的覆盖面，将是今后我国教育工作的一个重要方面。

理论方面，本书将城乡义务教育信息资源配置系统的结构性调整和共享绩效的科学评价作为突破口，从宏观的角度整体把握教育信息资源的优化配置问题，将协同思想作为信息资源"共建共享"目标实现的价值论依据。这不仅符合教育信息资源配置研究的发展趋势，也是对教育信息资源配置理论研究的推进和拓展。

应用方面，从实证角度构建义务教育信息资源共享绩效评价指标体系，利用义务教育信息资源区域发展面板数据，从历时性和共时性两个维度对城乡义务教育信息资源的配置效率进行定量分析，以及通过抽样调查，剖析影响欠发达地区城乡义务教育信息资源配置绩效的因素，以期提出切实可行的改进措施，实现优质教育信息资源配置福利最大化。

三、主要研究内容

本研究主要以云南为例，研究欠发达地区城乡义务教育信息配置现状、配置效率，针对存在的问题，构建义务教育信息资源均衡发展配置机制协同模型。

（一）欠发达地区义务教育信息资源配置现状分析

现状研究是一切问题研究的基础。通过现状研究，分析存在的问题，为最终的决策提供依据。

国家通过制定、实施《教育信息化"十二五"规划》《国家信息化发展战略（2006—2020 年)》"三通两平台"、《教育信息化十年发展规划（2011—2020 年)》《教育信息化"十三五"规划》等规划，虽然已基本构建覆了盖城乡义务教育所需的教育信息化体系，但仍然存在教育信息资源配置不均，城乡间、区域间、校际间优质教育信息资源配置差距较大的问题。如 2016年基本完成教育资源公共服务平台建设的 23 个省区市、全面或基本完成省级教育数据中心建设的 15 个省区市，绝大多数位于东部发达地区，西部欠发达地区如云南、西藏、新疆、甘肃等省区市建设较为迟缓；全国网络带宽超过 10Mbps 的学校为 64.3%，但许多西部欠发达地区农村中小学校网络带宽低于 10Mbps，且不少学校特别是一师一校点（即一个学校只有一名教师）基本还没有接入互联网。虽然在国家教育信息资源公共服务平台中已建有中小学各科数字化教学资源，但高质量的学科教学资源偏少，适合西部欠发达地区教育教学所需的特色资源，如双语教学资源更为匮乏。

通过对欠发达地区城乡义务教育信息资源配置现状的调查分析，发现主要存在以下问题：一是认识不足，虽然多数师生认为教育信息资源非常重要，但真正能够释义教育信息资源的师生不多；二是教育信息化建设和资源开发机构不健全，专业技术人员缺乏；三是信息基础设施建设滞后，信息资源匮乏；四是信息技术和信息资源使用培训不到位，师生整体信息技术能力不高，信息资源使用效率低；五是信息设备使用率和网络利用率不高；六是信息资源共享情况不理想等。

（二）城乡义务教育信息资源配置效率分析

构建义务教育信息资源配置绩效指标体系，投入要素包括基础设施、数字化教学和学习资源、信息人才配备、信息技术应用、信息设备和资源管理等，产出主要体现在人才培养上。通过 DEA（数据包络分析）多投入多产出复杂系统，分析欠发达地区城乡义务教育信息资源配置效率，从"技术效率""综合效率"与"规模效率"来检验资源配置的优化程度。结果显示，无论是资源配置的"技术效率""综合效率"，还是"规模效率"都有较大的提升空间，规模效应报酬呈递增趋势，城镇化率越高的地区，"规模效率"越大，反之则越小，因此，在欠发达的农村地区，教育信息资源配置还有较大优化空间。通过师生评价结果可以看出，信息资源配置效率低的主要表现是，现有信息资源配置不能满足需求，农村中小学教育信息化建设滞后；资源共享利用程度不高；共建共享机制尚未形成等。

（三）构建教育信息资源协同配置模型

借鉴国外教育信息资源配置的经验，在前人研究的基础上，构建信息资源协同配置模型。发挥政府在教育信息资源配置中的主导作用，以政府宏观调控为主，市场配置调节为辅，协调经济调控、管理体制和权益保护与资源配置的关系，围绕资源使用主体的实际需要，从时间、空间和资源数量三个维度创新资源配置模型。时间维度，通过教育信息化建设，实现教育信息资源的可持续发展，逐步完善农村义务教育信息资源硬件、软件和资源建设。空间维度，通过政府宏观调控与地方中小学校微观处理协同配合，优化农村中小学教育信息资源配置。资源数量维度，通过"共建、互换、共享"方式丰富教育信息资源数量，扩大教育信息资源覆盖面，提升教育信息资源供给能力。发挥信息技术优势，最终实现在给定的时空范围内、在投入经费一定的情况下，对有限的义务教育信息资源进行选择、匹配和重组，最大限度满足师生教育教学的需要。

（四）完善城乡义务教育信息资源协同配置机制

运用系统科学理论分析各子系统之间及系统内部的作用关系，引入市场机制，充分发挥学校、政府和市场在教育信息资源配置中的作用，完善多方参与的协同机制，鼓励学校、企业和社会力量共同参与，共建优质、个性化的教育信息资源。通过政府、教育机构、社会企业、中小学教育信息化专家委员会的协同配合，完善调控、监管、建设、管理与共享城乡义务教育信息资源的协同配置机制，包括垂直和水平配置两个方面，实现由政府规划、主导投资建设共性资源，市场参与建设推动个性化资源发展，教育机构和学校组织教师开发建设校本资源，中小学教育信息化专家委员会筛选审定优质资源，教育信息资源使用主体通过教育信息服务平台共享资源，实现资源价值转化。垂直方面，政府主管部门制订资源建设规划方案，并提供资金，教育机构组织开发优质教育信息资源，通过共享平台把资源推送给用户；水平方面，校际间、资源使用主体间实现资源互通与共享，最终促进欠发达地区城乡义务教育信息资源的可持续发展。

四、主要研究方法

本书采用理论研究与实证分析相结合的方法，既强调信息资源配置的理论架构与机制创新，又结合实际应用，不仅对欠发达地区城乡教育信息资源配置现状进行分析，同时也对教育信息资源配置绩效进行评价研究。具体研究方法如下。

（一）数据统计分析

收集 2010—2016 年间云南省所有 16 个地州市教育信息资源配置面板数据，通过层次分析方法，降维求特征值，通过特征值求出权重，然后计算出信息资源配置指数，利用数据包络分析方法（DEA）分析城乡义务教育信息资源配置效率，审视欠发达地区教育信息资源配置效率中存在的问题。

（二）比较研究

比较主要发达国家信息基础设施建设与教育信息资源建设规划、措施以及取得的成果，对照我国资源建设规划、措施以及存在的问题，借鉴国外教育信息资源配置的经验，进一步完善欠发达地区城乡义务教育信息资源的配置模式。

（三）问卷调查

设计包括教育信息资源建设、开发、利用、管理和评价等内容的教师和学生问卷。除教师和学生的基本情况外，教师问卷共计 57 个小问题，学生问卷共计 47 个小问题，分析欠发达地区城乡义务教育信息资源建设、共享与配置效率中存在的问题。教师问卷共发出 1350 份，收回 1200 份；学生问卷共发出 8000 份，回收 7196 份，抽样地区覆盖云南所有地州市，共

16个。数据统计中，针对同一问题，教师和学生的观点按6:4的权重进行计算；多项选择按5:2:1:1:0.5:0.5的权重进行计算；多项选择题中，按重要性选取前三项排序的统计结果按5:3:2的权重进行计算。通过描述性、列链表等方法分析城乡义务教育信息资源配置中存在的主要问题。

第二章

教育信息配置内涵及研究现状

学者对教育信息资源配置的研究，包括概念的界定和理论探索，始于 20 世纪 90 年代。目前，虽然还没有形成体系化的研究成果，但已有不少文献从理论和实践层面对教育信息资源优化配置进行了探讨，这些研究成果为本书提供了重要的参考和借鉴。

一、教育信息资源配置内涵

（一）教育资源

　　教育资源也称为"教育经济条件"，是社会为进行各种类型的教育，进行人才培养过程中所需占用、使用和消耗的人力、物力、财力等各种资源要素的总和❶。其中，物力资源包括教学、科学研究和学生学习所使用的固定资产、低值易耗品等；人力资源是进行教育所需的人力投入，包括行政、教学、教辅、后勤、科研等人员；财力资源主要是指各级政府为发展教育事业所进行的经费投入。随着以计算机和互联网为核心的信息技术的快速发展，使数字远程教育、智慧教育成为可能，数字化教育资源已成为实施 21 世纪教育不可或缺的基础性条件。

　　教育资源是一种特殊的资源，它是人类有目的、有计划、有组织地开展教育活动所需的综合性资源。从教育的发展历史来看，教育资源承载着人类思想、社会公德和科学技术知识的传承，是厚德载物的载体。

---

❶　顾明远. 教育大辞典（上册）[M]. 上海：上海教育出版社，1998: 1896-1897.

从公共产品的角度来看，教育资源作为公共资源的一种，具有与其他社会公共资源相同的属性和功能，受益者主要为教育受众。从公众受益的角度来看，教育的本质是一项公益性事业，因此，教育资源属于公益性产品，具有公益性特征，它是教育本质的根本性体现，也是教育的核心价值所在。教育没有公私、贵贱、高低、内外之分，有教无类是教育公平追求的目标，教育资源公平共享是实现教育公平的必要条件之一，也是实施教育资源优化配置的依据。国家和政府的职责就是通过对教育的投入，扩大教育资源的使用范围来维护教育的公益性。

从资源的归属和管理角度来看，教育资源分为国家资源、地方资源和个人资源；从办学层次来看，教育资源可分为基础教育资源和高等教育资源；按资源存在的形态，教育资源可分为固定资源和流动资源❶，如校舍就是属于固定资源，而教师、经费等属于流动资源；从配置的调节机制来看，教育资源分为市场资源和计划资源。

从产业的角度来看，教育资源具有产业属性，属于产品的范畴，与工业经济的发展、知识经济的出现以及教育内容和教育模式紧密相关。教育资源作为一种市场经济资源，需要发挥"看不见的手"——市场的调节作用，按市场的运行规律，教育资源主体对教育资源进行调节、配置、经营和管理，而受众通过市场购买服务，获得所需资源，教育资源属于一种市场产品。

教育资源和生产资料一样，具有稀缺性。一般来说，人类对教育资源的总需求量大于教育资源的总供给量，无论哪个时期、哪个国家、哪个地区都面临着教育资源的有限性和人们需求的无限性矛盾，特别是对优质教育资源的需求，一直是人们需要解决的难题。通常，发达地区教育资源相对丰富，人们对教育资源的需求量也越大；欠发达地区教育资源尤其是优质教育资源较为匮乏。不过，无论是发达地区还是欠发达地区，都存在供需矛盾。

---

❶　韩明.面向东南亚的对外汉语教育资源开发策略[J].广西师范大学学报（哲学社会科学版），2011, 47（03）：104-108.

（二）信息资源

客观上，信息是一切事物存在和运动的表征，是事物的一种普遍属性，只要事物存在，必然存在其表征属性。只要事物之间存在相互作用和相互关系，就必然会产生信息。人类社会的一切活动都不可能离开信息的交换与使用。

由于人类活动存在复杂性，要清晰界定信息的概念比较困难，需要加以限定，明确其使用的范围和条件。一般意义上，在不考虑约束条件的情况下，信息可以定义为事物存在的形式和运动状态的表现形式❶。广义上，信息包括自然界、人类社会生产、传递和利用的各种信息，是事物存在方式、运动状态、相互联系特征的表述。狭义的信息是指预先不知道的东西，包括新的内容和新的知识。对信息的认识、生产、传递、使用离不开信息主体。通常情况下，信息常被看作知识、经验和资料，能够满足人类社会的特殊需要，为人类社会服务，具有使用价值。

信息不是物质，也不是能量，它是支配人类社会发展的三个基本要素。在不同历史时期和发展阶段，这三个要素的地位和作用不尽相同。信息化社会，信息和物质、能量一样，已成人类社会重要的生产要素。

人类社会的发展与进步依赖于信息、能量和物质三种要素的相互作用。如今，我们生活的现实世界一样依赖于信息、能量和物质，美国哈佛大学的研究小组提出著名的资源三角形模型，如图 2-1 所示。

现实世界是三位一体的，如果没有物质，意味着世界什么都不存在；如果没有能量，意味着世界什么都不会发生；如果没有信息，则任何事物都没有意义。

作为一种资源，物质为人类提供各种各样的有形材料；能量表现出物质存在非均衡性，为人类提供各种各样的动

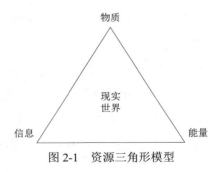

图 2-1　资源三角形模型

---

❶ 马费成, 宋恩梅. 信息管理学基础 [M]. 湖北：武汉大学出版社, 2011: 5.

力，在物质之间进行流动和转换；信息表现出物质存在多样性和有序性，并使物质和能量建立联系，为人类社会提供各种各样的知识、经验和资料。

信息的存在具有普遍性和客观性，但并非所有信息都是资源，必须满足给定的条件，信息才能转换为资源。本书中所涉及的信息是为了特定教育目的需要，产生、传递并应用于人类社会生产实践活动，由人类创造的通过语言、符号以及其他载体记录和表达的知识、数据、经验、消息等。

在信息化社会，通过信息化生产和从事信息活动产生的信息资源，是以数字信息为前提的，类似的称谓还有网络信息资源、万维网信息资源、电子信息资源等❶。从这个角度出发，信息资源是指人类社会在从事信息活动中逐渐积累起来的以信息为核心的各种信息活动要素（包括信息基础设施、设备、技术、信息生产者等）的集合，它是一切电子化、数字化信息资源的总称。人们开发利用信息资源的目的就是要发挥信息的效用，实现信息应有的价值。

信息资源包括信息技术、信息生产者、信息三个要素❷，三者构成一个完整的信息体系。信息生产者是为了某种目的进行信息生产的人，包括原始信息的生产者、后期信息的加工者以及信息的再生产者。信息是信息生产者的成果，指信息内容本身，也指信息产品，可以对社会直接产生效用。信息技术是对生产、加工、处理、传输、利用、评价信息的工具、方法和手段的总称，能够延长和扩展人的信息能力。

信息资源与物质资源不同，它具有共享性、时效性、动态性和支配性。共享性表现为一人使用不影响他人使用。时效性表现为要在适宜的时间信息才能发挥其最大效益。动态性表现为信息不是固定不变的，而是不断丰富和发展变化的。支配性表现为信息资源具有支配其他资源的能力。

与自然资源相比，它具有重复性、流动性和社会财富特性。重复性表现为，所有信息资源都可以进行复制，重新利用。流动性是信息随着人们的交流方式和传播途径的变化而变化，从不固定在某一个地方。作为社会财富

❶ 李金秀.试论我国网络信息资源的配置 [J].科技情报开发与经济，2009, 19（08）：100-103.
❷ 李兴国.信息管理学 [M].二版.北京：高等教育出版社，2007: 9-11.

的一部分，信息还是一种商品，可以进行买卖、交易、交换等，但任何人无权永久买下或拥有信息的使用权。

信息资源还具有时效性、在时间和空间上的传递性、对物质载体的独立性、对认识主体的相对性等特征。

狭义的信息资源是把信息资源等同于知识、信息和资料，主要指信息内容或信息本身❶，是人们通过加工处理，以文本、音频、视频、动画等形式表现出来的、以文献、实物、数据等为载体记录下来的对决策者有用的信息或数据。

广义的信息资源是指参与信息活动或生产过程的各种信息要素的总称，包括信息技术、信息设施设备、信息、人才、资金等，它是信息技术、信息人员和信息的有机集合。侠义的信息资源仅包括核心要素，而广义的信息资源不仅包括核心要素，还包括其他扩展要素，如技术、设施设备等。如果仅有核心要素，而缺少其他扩展要素，就不能对信息资源进行合理配置，进而不能发挥信息资源的最大效用。

信息活动对信息资源的系统开发利用过程，包括对信息进行记录、检索、加工、处理、传播、选择、评价、利用、创造等行为。人类社会的信息活动包括社会、组织、个人三个基本层次❷。个人的信息活动主要是个人对信息的开发利用过程，受个人信息应用环境的影响，与个人的意识、具备的信息能力和技术能力有关。组织信息活动主要通过信息系统对信息进行开发利用，信息系统的发展程度体现了组织开发利用信息资源的水平。社会信息活动主要是通过个人和组织的信息活动体现出来，最终形成一个新型的产业——信息产业，它的发展对其他产业产生重要影响，与其他产业进行融合，能够升级改造传统产业。因此，信息资源的开发利用对人类社会发展和进步具有重要的促进作用。

❶　任淑萍, 赵潜柯. 开发统战信息资源为教学科研服务 [J]. 山西社会主义学院学报, 1999, （01）: 43-44.

❷　李兴国. 信息管理学 [M]. 2 版. 北京: 高等教育出版社, 2007: 20.

（三）教育信息资源

教育信息是教育教学系统中反映教学诸要素属性和相互关系的信息总和。多数国内学者认为，教育信息是指在教育活动过程中传递、加工、处理、使用和评价的信息。而教育信息资源是以符号形式储存于各类载体上，可供教育主体（学习者和教师）利用的全部教育信息，由教育信息内容、符号、载体等要素构成❶。

随着计算机多媒体技术和网络技术在教育教学中的广泛应用，教育信息加工、处理、传递向数字化方向发展。数字化教育信息资源就是信息时代以数字格式记录、存储、传递和应用的教育信息软件、硬件和潜件。教育信息资源有显性和隐性之分，包括教育主体与客体资源、课内与课外资源、教育环境与教学条件等几大类。

国外通常把教育信息资源称为开放教育资源。伦敦政治经济学院认为开放教育资源（Open Educational Resources，OERs）是教师和学习者都可以自由获取、重复修改和使用的经过作者授权的教学和学习资料，包括所有通过数字媒体搜集的资源，如讲稿、幻灯片、讲义、在线课程、图表及所有Moodle 平台课程、课程大纲、课程模块、课堂活动、家庭作业及参考、测验和实验、教学资料、讲座、模拟仿真、实验、教育游戏、教学和学习工具及其他数字资源❷，众多开放课程和课件仅是开放教育资源的一部分。欧洲职业培训发展中心认为，OERs 是指向学习者、教师和研究者免费开放、提供的用于学习、教学和研究的数字化资料，包括学习内容、软件工具、教学资料等，也指可以调整并限制他人使用的累积数字资产（Accumulated Digital Assets）❸。

从属性来看，教育信息资源是信息资源的一种。微观上，它是在教学

---

❶　焦中明，赖晓云. 现代教育技术技能理论与实践 [M]. 北京：中国科学技术出版社，2007: 19.

❷　LSE. Learning technology and innovation. PROJECTS: Open Educational Resources（OERs）[EB/OL]. [2018-05-16]. http://lti.lse.ac.uk/projects/digitalliteracy/oers/.

❸　Cedefop. Europen guidelines for validating non-formal and informal learning: Luxembourg: Publications Office of the European Union, 2015. Cedefop reference series 104 [EB/OL]. [2018-05-16]. http://www.cedefop.europa.eu/files/3073_en.pdf.

场景中使用的数字化教学和学习资源，以优化教学设计和学习过程，提高教学质量和效率为目的。宏观上，它是教育信息化的重要组成部分，是一个国家或地区实现教育现代化的必要条件。因此，教育信息资源的建设与利用必须上升到国家战略层面，进行科学统筹、分区共建、全面共享以推动教育信息资源均衡发展❶。

和传统资源相比较，开放性、共享性是教育信息资源的突出特点。开放性是指通过互联网、移动设备、数字云平台，任何教育受众都可以获得教育信息资源，资源开放程度越高，越能弥补资源的稀缺性，越有助于推动教育公平，促进区域间教育均衡发展。共享性主要体现在，教育信息资源与物质或传统的教育资源不同，教育信息资源使用后不会产生损耗，使用频率越高，并不代表损耗越大，个人使用不会妨碍他人使用，随着资源被更多受众使用，其资源价值表现越发突出。

教育信息资源还具有文化特性，存在于校园网络、软件、硬件、潜件中的以数字化形式存储的涉及科学、语言、文学、宗教、哲学等领域的资源，体现了人们具有的世界观、价值观、人生观、民族精神、风俗习惯、礼仪和行为准则、艺术价值和美感❷。

狭义的教育信息资源是经过数字化处理，可以通过互联网共享、传输的在计算机多媒体环境下直接用于教育教学、教学研究和教学管理的、服务于教师、学生、教学管理人员的数字化多媒体信息、教育资料、教育教学手段和方法等信息资源❸❹❺❻。从资源使用对象来看，它分为学习资源、教师备课资源、科学研究资源和教学管理资源等。从组织形态来看，直接用于教学的教育信息资源可分电子教材、电子辅导书、电子期刊、数据库、虚拟

❶　秦殿启，张玉玮．网络环境下教育信息资源的分类与利用模式 [J]．现代情报，2010, 30（10）：58-60.

❷　贾靖林，林文婷，熊才平，黄伟琳．教育信息资源建设：文化的启示 [J]．现代教育技术，2009, 19（07）：16-18.

❸　杨宗凯，熊才平，等．信息技术促进基础教育公共服务均等化研究前景预判 [J]．中国电化教育，2005,（01）：70-76.

❹　罗洁．基础教育信息资源检索结果自动分类研究 [J]．中国电化教育，2013,（07）：120-127.

❺　姚雪红．基础教育信息资源区域建设与优化配置研究 [J]．情报科学，2015,（07）：49-53.

❻　程琳．我国教育信息资源均衡配置现状分析与研究综述 [J]．情报科学，2017, 35（07）：170-176.

图书馆、教育网站、教学平台、虚拟软件、电子百科、论坛等类型，内容包括媒体素材、教学案例、电子图书、网络课程、试题、教学软件、教学管理系统、文献资料等。人们通常所说的教育信息资源是指狭义的教育信息资源。狭义的义务教育信息资源是指直接或间接用于基础教育教学的信息资源。

广义的教育信息资源是指一切与教育教学和学习有关的包括信息设备、技术与资料、人员、资金等在内所有人力和非人力资源❶。非人力资源是指在教育教学过程中使用的所有软硬件数字资源，其中，硬件资源包括数字化设施设备，软件资源包括数字信息资源、信息平台，以及业务数据等❷。人力资源是指实施信息技术教学、信息资源开发、研究、应用和管理的相关人员。本书中的教育信息资源是指广义的教育信息资源。

（四）教育信息资源配置

作为一种新型的教育资源，教育信息资源具有稀缺性，分散于不同地区、不同部门和机构以及各级各类学校之中，受空间分布、地理位置以及经济社会发展因素的影响。优质教育信息资源不仅稀缺，资源的使用还存在不同的主体和方向，呈现出极度的不均衡状态。为满足不同使用主体的不同需要，提高教育信息资源的利用效率，保障教育主体能够平等获取和使用信息资源的权利，实现教育信息资源效益和福利的极大化❸，和其他资源一样存在优化配置问题❹。

信息化社会教育资源匮乏、配置不均最为突出的表现就是在不同人群、不同阶层、不同地区间形成和逐渐拉大的数字鸿沟，阻碍人们公平获取、有效利用教育信息资源，带来更大的不公平。如在新型冠状病毒肺炎（COVID-19）防控期间，众多农村贫困地区的儿童为了获得一部能进行远程

❶ 范坤，王学东.基础教育信息资源配置体系研究[J].情报科学，2012,（01）：34-39.
❷ 彭红光.基于区域云的教育信息资源配置初探[J].中国教育信息化，2011,（16）：84-88.
❸ 姚雪红.基础教育信息资源区域建设与优化配置研究[J].情报科学，2015,（07）：49-53.
❹ 查先进，陈明红.基于DEA的我国网络信息资源配置效率评价[J].图书情报工作，2009,53（09）：16-19.

学习的智能手机而发愁，与 iPad 相伴成长的城市孩子则不会担心在家上不了网课，这凸显了欠发达地区义务教育信息资源匮乏，并与发达地区间存在着的巨大的数字鸿沟。在知识经济时代，必须考虑不同地区间、不同层次间人们的不同需求，充分利用科学技术进行资源的有效配置，让优质资源惠及每一个人，促进资源的充分共享和有效利用。

因此，教育信息资源配置就是要发挥政府宏观调节的作用，利用教育政策法规调配教育资源，以期达到教育资源供给与需求的相对均衡，保证所有人都能公平获得教育资源，它是实现教育均衡发展的前提和基础。具体来讲，就是从服务、用户、资源视角出发，综合考虑计算机网络软硬件、信息资源、人员、方法、环境等因素，通过资源共享模型，为教学和学习主体提供集成化的信息、知识等服务❶，它是一项涉及配置主体和客体、配置机制和过程等要素的复杂的社会系统工程，是一个调整—优化—实践—再调整—再优化的动态过程❷。

狭义的教育信息资源配置是指在一定的时间、空间范围内，针对给定的技术、资源条件限制，采取合理的服务模式，在时间、空间、数量、结构上对资源进行合理的重组、匹配、存储和流通，实现公平与效率目标，最大限度的满足教学和学习需求❸。就教育本身的特点而言，为满足人们对教育资源的质、量、其他属性的需求，综合考虑各要素间的相互关系，在区域间、校际间和校内合理优化资源分配，利用教育信息资源实现教育产出最大化❹。

广义的教育信息资源配置是指为实施教育教学改革，满足信息社会对人才培养的需要，对所有有关人力、非人力资源进行协调、配置，包括对信息、信息设备与设施、人才等进行合理分配和布局，以最小的成本投入调整信息流向和分布，促使信息高度共享，产生经济、政治或共创效益，实现信

---

❶ 刘春年，黄弋芸．信息生态视域下教育信息资源共享的多维视角 [J]. 图书馆理论与实践，2012,（02）：24-27.

❷ 陈明红，查先进．基于 CAS 的信息资源配置自组织研究 [J]. 图书与情报，2009,（03）：36-40.

❸ 王巧．基于用户需求的教育资源配置系统的研究与实现 [J]. 中国电化教育，2009,（11）：117.

❹ 朱丹智．义务教育资源配置与优化 [J]. 文化创新比较研究，2018,2（10）：164+167.

息价值最大化，提高用户信息保障率，提高物质和精神生活水平，为人类社会谋求最大限度的福利❶。

随着教育信息化的不断推进，我国区域教育信息资源体系建设进入全新阶段，急需协调东部与西部、城市与农村一体化发展，进而优化资源配置促进基础教育均衡发展。从地区教育公共服务体系建设与发展的趋势来看，需要从学习型社会和教育公平的层面，重新认识区域数字资源建设与发展的意义和影响，考虑各地独特的人文和自然环境，满足当地师生的教学和学习需要，急需构建具有本地属性的教育信息资源，特别是双语教育教学资源，以促进欠发达地区教育信息化和教育事业的快速发展❷。

本书中的义务教育信息资源配置是指为实现教育教学目标，在一定的空间和时间范围内，按照一定的运行机制、规则和制度安排，合理分配、优化、整合信息网络与设备等硬件设施、服务平台、人员和教学信息等资源，使各种信息资源要素形成一个有机整体，最大限度地发挥各要素的作用，满足教师和学习者的需要，共同为师生的教与学服务。资源配置体系是以实现基础教育信息资源配置为目标，以配置主体行为为核心，按照一定的规则、制度促使教育信息、网络设备、信息服务组织与人员、信息用户等要素相互协调、互相作用形成的一个有机整体❸。配置内容包括对现有资源进行改进、提升和优化组合；创新设计、开发新资源；完善提高信息基础设施和运行条件；提高师生信息素养能力；完善信息资源使用、传输和共享的机制、体制等保障条件。

二、研究现状

（一）国内外教育信息资源配置研究

国内的研究主要集中于如何通过共享教育资源实现教育公平，构建教

---

❶ 张素娟.1999～2008年我国信息资源配置研究论文统计分析[J].农业图书情报学刊,2010,22(11):73-75.

❷ 杨改学，胡俊杰.教育信息化对少数民族教育发展具有革命性影响[J].电化教育研究,2014,35(09):5-8.

❸ 范坤，王学东.基础教育信息资源配置体系研究[J].情报科学,2012,(01):34-39.

育信息资源的共建共享模式实现地区间、城乡间教育均衡发展，以及优化教育信息资源配置效率等方面，以理论为主，对策措施居多。主要内容综述如下。

义务教育均衡发展是实现公平教育的基石❶❷，公平、科学的教育资源配置与教育均衡发展紧密相关，并影响教育公平的实现。义务教育非均衡发展，无法获得公平教育的一个重要原因就是不能公平获取教育资源，只有加大政府财政投入力度，调动各种社会资源，进行合理化配置，满足多元社会文化的需要，帮助和支持底层群众的诉求，才能从根本上实现教育公平❸❹。只有实现教育资源充分共享、均衡发展，让师生能够获得丰富的教育资源，满足其教学、学习和交流需求，才能更好地体现教育公平。

城乡义务教育非均衡发展，师生无法公平获取教育资源的原因很多，主要有城乡二元结构和社会制度拉大城乡差距，义务教育财权过于分散使城乡教育投入失衡，以城市为中心的财政政策导向削弱农村义务教育的发展等，造成城乡两极分化严重，形成马太效应❺。教育资源优化配置的前提就是要重视差异、弥补差距、追求平等❻❼，构建良性互动、双向沟通、动态均衡的教育资源发展机制，促进城乡义务教育资源公平获取、充分共享、优势互补，城镇与农村相互促进、相互支持共同推进城乡义务教育均衡发展，缩小城乡差距❽。

区域间经济社会发展不均衡、资源供给与需求方式存在差异以及社会对人才需求信息的不对称，使得发达地区与不发达地区、城市和农村、富裕

❶　杨东平.教育公平三题：公平与效率、公平与自由、公平与优秀 [J].教育发展研究,2008,（09）：26-29.

❷　沈有禄.教育机会分配的公平性问题研究综述 [J].现代教育管理,2010,（10）：28-30.

❸　周洪宇.实现教育公平促进和谐社会建设 [J].民主,2005,（04）：15-17.

❹　范国睿.教育公平与和谐社会 [J].教育研究,2005,（05）：21-25.

❺　肖军虎,范先佐.县域城乡义务教育发展失衡的原因分析——基于对山西省四县（市）的调研 [J].河北师范大学学报（教育科学版）,2012,14（07）：5-8.

❻　王善迈.教育公平的分析框架和评价指标 [J].北京师范大学学报（社会科学版）,2008,（03）：93-97.

❼　褚宏启.教育制度改革与城乡教育一体化——打破城乡教育二元结构的制度瓶颈 [J].教育研究,2010,31（11）：3-11.

❽　范先佐.农村教师队伍建设需要立体创新 [J].辽宁教育,2012,（22）：29.

阶层与贫困阶层存在差距，直接影响区域间教育均衡发展，这是制约国家教育战略实施的关键因素，是教育资源配置急需解决的突出问题。

随着教育信息化的不断深入和发展，教育信息化已成为实现城乡义务教育均衡发展、促进教育公平的有效途径。教育信息化的快速而深入的发展为城乡义务教育均衡发展提供条件，通过强化城乡义务教育信息资源建设、完善农村中小学信息基础设施、提高师资信息化水平、促进信息技术在教育教学中的应用创新等措施能够实现城乡教育资源均衡配置❶，通过"互联网＋教育均衡"实现农村共享城市"优质教育资源"，能够推动城乡义务教育均衡发展❷。

必须认识到，教育信息资源动态发展和利用是一个自然过程，在这个过程中最为活跃的因素就是人，即资源使用主体，人在教育信息资源的利用、发展过程中起着关键性的作用，人不仅可以利用互联网中海量化的原始信息资源，还能够自行创造新的资源，信息资源在学习者的利用和共享过程中不断实现创新和动态发展❸。因此，要实现教育信息资源的有效利用和快速发展，就必须对教育资源实现有效的管理、配置和优化。

影响教育信息资源配置的因素还包括信息技术基础设施的完备程度、资源建设与应用的保障体系、教师和学生的信息素养能力、数字化学习环境、教育信息化经费投入以及师生信息资源应用意识和观念等，因此，教育信息资源配置具有复杂性、动态性和非线性等特征。

面对教育信息资源建设中的瓶颈，资源良莠不齐、隔离孤立、互不联通等因素导致资源应用处于较低水平且发展不均，无法满足学科课程教学和学习的需要；理念落后，应用水平不高；管理不科学，不仅获取难度大，也难以筛选；资源建设缺少长远发展目标和思路等问题，需重构资源整合的新途径，引入面向对象，学习对象和内容对象的理念，采用多维教育资源整合

❶ 雷励华 . 教育信息化促进城乡教育均衡发展的国内研究综述 [J]. 电化教育研究 , 2019, 40（02）: 38-44.

❷ 刘泽兰 . 新时代城乡义务教育均衡发展研究——基于罗尔斯的正义原则视角 [J]. 现代交际 , 2019（02）: 249-251.

❸ 刘丽君 , 熊才平 , 何向阳 . 网络环境下教育信息资源动态发展利用研究 [J]. 远程教育杂志 , 2011,（05）: 83-88.

途径。技术上，采用"结构化"和"种类性"分类相结合以提升资源品质；主体上，实现资源开发和资源效用的融合以提高资源的使用效率❶。

不过由于用户缺乏使用教育信息资源的外在动机，也会导致教育信息资源利用降低，优质教育信息资源无法发挥其应有的作用，进而为教育、教学服务，江星玲提倡引入"教育信息券"，通过累计积分、定期兑换进行奖励的激励机制，提高教育信息资源的使用效率❷。

仅仅考虑提高资源的使用效率，无法解决资源浪费的问题。教育信息资源具有时效性，很多时候，由于管理不善，有些花费大量人力、物力、财力开发的资源在有效期内并没有被使用，还未发挥其应有的作用就消失、过时，带来极大的资源浪费。朱水莲建议，可对教育信息资源进行全生命周期管理，提高管理效率；对资源进行复制、更新，改善教育信息资源的质量；通过与各部门、各学校及时交换、共享，以提高使用效率❸。但是，完全依靠资源开发主体和资源使用主体的自觉性是无法实现教育信息资源全周期管理的，需要完善相关法律法规、丰富教育信息资源使用的政策、手段和方法并健全相关运行机制❹。

杨文正等利用仿真技术，引入市场竞争、用户激励以及政府协调等机制，动态分析教育信息资源开发、用户需求、资源配置绩效、行政主管部门以及投入等因素之间的因果关系，构建一套资源开发和利用的激励机制，协调政府与市场两种信息资源配置方式，通过构建良好的用户交流反馈平台和信息化环境，有助于提高信息资源的使用效率❺。

从硬件资源配置来看，完善的数字化校园是教育信息化的重要组成部

❶　胡小勇，詹斌，胡铁生．区域教育信息资源建设现状与发展策略研究 [J]．中国电化教育，2007，（06）：56-61.

❷　江星玲，熊才平，杨文正，等．教育信息资源用户使用激励机制的数学模型与仿真——基于"教育信息券"的构想与使用分析 [J]．远程教育杂志，2014，32（01）：80-86.

❸　朱水莲，刘春年．教育信息资源全生命周期管理模型比较与关键问题分析 [J]．现代情报，2011，31（11）：17-20.

❹　汪传雷，刘新妍，王如正．教育信息资源开发利用法规政策演进研究 [J]．现代情报，2011，31（06）：3-8.

❺　杨文正，熊才平，江星玲．优质教育信息资源配置机制的系统动力学仿真 [J]．中国电化教育，2013，313（2）：57-65.

分，因此，提高教育信息资源使用效率还需重视数字化校园建设。因为，数字化校园中的各项信息活动主要围绕教育信息资源来展开，数字化校园的建设与发展是以教育信息资源的共享、高效利用为基础的，信息资源的优化配置、高效利用是数字化校园建设的主要内容。

在数字化校园建设过程中，如何优化资源配置，让更多的人公平获取教育信息资源是人们重点关注的问题。自人类社会认识到教育公平是社会公平的基础，人们就努力追求教育资源的均等化发展与实现教育资源获取机会公平。在传统纸质媒介时代，受制于纸质资源的独占性特点，即一个人借阅，他人无法共享的局限，较好的资源共享方式是通过学校购买图书，建设图书馆或图书室，实现校内资源公共服务的均等化和公平化是实现公共产品服务优化配置的最好的方式。

在信息时代，由于信息技术的发展，促使资源数字化，通过数字化校园得以打破校校间的界限和校际间的壁垒，实现资源的均等化服务。然而，由于城乡间在校园网络、软件资源、硬件配置、潜件等方面存在显著差异，传统"校校建库"的教育信息资源建设模式已经很难适应信息时代教育信息化发展的需求，由于城乡教育资源建设经费投入不同，"校校建库"将带来更大的城乡差距。因此，更多的学者倾向于通过共建共享模式，屏蔽传统"校校建馆""校校建库"的思想，如采取"政府主导、企业开发、学校应用"的资源共建共享模式，构建共享资源中心，通过协同优化区域教育信息资源配置，解决"校校建库"带来的资源分散、浪费等问题❶。

"共建中心资源库"与"校校建库"不同，"中心资源库"在建设理念、管理效能、经济效益、资源建设质量、使用价值等方面具有明显的优势，各个学校不需要单独建设自己的资源库，而是以县为中心，集中资金构建大型数字化基础教育信息资源中心库❷，提供公共教育信息资源，扩大学校教育

————————

❶ 熊才平，朱爱芝，黄萍萍.教育信息资源"区域共建共享"开发应用模式研究[J].开放教育研究，2010，16（01）：40-44.

❷ 熊才平.以信息技术促进基础教育信息资源配置城乡一体化研究[J].中国电化教育，2006，（03）：17-20.

信息资源的共享范围，通过共建共享发挥资源效益❶，促进城乡一体化均衡发展，实现县域间教育信息资源的充分共享。

在中心资源库建设过程中，为适应不同地区不同人群的需求，需要构建基于信息化环境下的"区域共建共享互换"教育信息资源建设新模式，进一步完善信息资源。如通过动态调控教育信息资源建设与教育信息化环境建设经费比例以提高教育信息资源配置效益；基于用户反馈决定资源购买费用以提升信息资源质量；把教育信息资源用户积分作为学校信息化建设费用拨付依据以提高信息资源的使用效率等措施，强化区域内教育信息资源共建共享、互换共享提高的使用效率，实现教育信息资源均等化发展❷。

针区域性基础教育信息资源配置中的硬件、软件以及师生观念等差异问题，需要关注服务与效益、共建共享的区域教育信息资源生态发展❸。优化区域资源建设投入结构，营造教育信息资源自给环境，通过整体配置效益来放大局部优势，发挥区域资源优势，加强与社会力量合作，成立区域资源应用共同体，促进新资源的整合与开发，实现平台、硬件、技术和资源的深度整合❹，进而形成联通、内聚、开放、可进化、智能的资源组织方式，分层推进学科教育信息资源建设❺，升级教育信息素材，优化区域教育信息资源的内容和质量，解决区域教育信息资源配置的失衡问题。

随着信息化的发展和终身教育体系的建立，教育信息资源配置还需要实现单一、静态和封闭向多元、动态和开放的理念转变，健全资源配置体系，完善运行机制和评价标准及方式❻。充分发挥政府在信息资源优化配置

❶ 杨薇薇，黄伟琳，熊才平.区域教育信息资源库建设方案的比较研究——校校建库与共建中心资源库方案的比较 [J].现代教育技术，2009, 19（10）：44-47.

❷ 熊才平，杨文正，张文超.技术支持下的基础教育信息资源公共服务均等化 [J].教育研究，2013, 34（11）：107-113.

❸ 郭绍青.教师信息化教学能力培养策略的个案研究 [J].中国远程教育，2009,（06）：58-61+80.

❹ 胡小勇，刘琳，胡铁生.跨区域优质教育资源协同共建与有效应用的机制与途径[J].中国电化教育，2010,（03）：67-71.

❺ 余胜泉，杨现民，程罡.泛在学习环境中的学习资源设计与共享——"学习元"的理念与结构 [J].开放教育研究，2009, 15（01）：47-53.

❻ 姚雪红.基础教育信息资源区域建设与优化配置研究 [J].情报科学，2015,（07）：49-53.

中的主导作用，统筹区域信息资源建设❶，遵循资源利益最大化原则、需求导向原则、共享原则、政府调控与市场调节相结合的原则❷，构建合理的资源配置体系，以及相应的协调、整合、竞争、激励机制❸，处理好协调、集成、按需分配的关系，通过逻辑上集中、物理上分散、网络上集约的方式对信息资源进行系统调配，包括对配置主体、配置对象、配置手段和配置方法等要素进行协调，围绕配置主体（包括信息服务机构和信息资源用户）为核心，遵循资源社会福利最大化、教师和学习者等用户需求导向、合作开发与共建共享，以最小的资源配置成本投入，实现资源效用最大化❹，使教育信息资源配置达到帕累托最优❺。在此过程中，定位政府合理的角色对教育信息资源共建共享就显得尤为重要。从公共产品的视角来看，教育信息资源具有准公共产品的属性，促进资源的有效供给需要政府参与，发挥政府的宏观调控作用。

政府作为公共产品的生产经营者，市场规则的制定者和监督执行者，社会均衡发展的调节者，承担着"守夜人"和"干预者"的角色❻。政府对社会公共事务进行处理，能够维护良好的社会秩序，进一步促进社会事业整体健康发展。而教育信息资源配置作为一个社会问题，政府应该促进该问题的解决。政府不但可以组织教育信息资源的生产，促进教育信息资源的供给，还能在一定程度上消费教育信息资源。因此，需要发挥政府在教育信息资源配置中的导向性功能。❼

目前，由于中小学教育信息资源建设存在共享模式不完善、政府主导作用欠缺、经费限制等主要问题，为实现有效共享，需建立共享机制，完善资源评价指标体系和管理措施，引入第三方（社会力量）参与共建共享教育

❶ 刘成新，徐宣清.基础教育信息化资源配置的区域性差异研究——以山东省"十五"期间教育信息化发展研究为例 [J].电化教育研究，2007，（06）：10-15.

❷ 王学东，贾晋.数字校园教育信息资源配置研究 [J].情报科学，2005，（01）：11-15.

❸ 范坤，王学东.基础教育信息资源配置体系研究 [J].情报科学，2012，（01）：34-39.

❹ 胡昌平，胡吉明.网络信息资源集成化配置模型及实现研究 [J].情报探索，2008，（03）：3-6.

❺ 句华.公共服务中的市场机制：理论、方式与技术 [M].北京：北京大学出版社，2006：1-4.

❻ 亚当·斯密.国民财富的性质和原因的研究 [M].郭大力，王亚南，译.北京：商务印书馆，1972：272.

❼ 陈文东.浅议区域高等教育信息资源共享的政府角色——基于湖南省高校数字图书馆的研究 [J].高校图书馆工作，2015，168（35）：23-26.

信息资源。❶这是一种有效的市场化运作方式，能够缓解区域教育信息资源开发与建设资金投入不足的问题，借助教育融资，缓解政府压力。市场化运作主要有两种方式，一是政企合作，企业垫资开发，最后由政府购买全部服务；二是谁投资谁受益，企业独立投资设计、开发、建设信息资源，资源使用主体购买服务。❷

在考虑市场化运作的同时，还需要考虑社会服务需求。由于教育信息资源共享存在"资源孤岛"困境，重平台建设，轻应用现象突出；资源区域间、校际间不平衡加剧，社会服务功能并未得到较好的发挥。因此，促进教育信息资源共建共享，还需要进一步强化社会服务功能。❸

从区域来看，西部欠发达地区义务教育均衡发展是我国教育均衡发展的攻坚重点。地区间、城乡间教育资源均衡发展，是实现教育公平的前提和重要保障。各地区由于经济社会发展不均衡、受地理空间位置限制以及传统观念影响，教育信息资源发展出现不同程度的区域性失衡，导致优质教育信息资源无法在区域间共享，加之区域间逐渐增大的数字鸿沟，又反过来影响区域间教育均衡发展和教育公平的实现。❹因此，教育资源开发向农村义务教育倾斜，促进优质教育资源流向农村中小学校，是推动当前西部农村义务教育迈向更高层公平和均衡发展的关键。❺促进西部农村义务教育均衡发展，应加强理念导向、完善保障经费、创新建设师资队伍、改善管理运营、健全完善督导评估等机制❻，加速推进西部地区、农村地区教育信息化和网络化发展，加快农村数字化教育信息资源建设，完善区域间、城乡间教育信息资

❶　陈明选，杨静，俞瑜. 区域教育信息资源共享现状及问题分析——以无锡市中小学为例 [J]. 现代教育技术，2010, 20（6）：75-78.

❷　陈琳，王矗，李凡，蒋艳红，陈耀华. 创建数字化学习资源公建众享模式研究 [J]. 中国电化教育，2012,（01）：73-77.

❸　姚静华，罗江华. 面向社会服务的职业教育信息资源建设路径探析 [J]. 中国职业技术教育，2015,（09）：32-38.

❹　熊才平. 以信息技术促进基础教育信息资源配置城乡一体化研究 [J]. 中国电化教育，2006, 23（03）：17-20.

❺　司晓宏. 优化教育资源配置，促进西部农村义务教育优质发展 [J]. 教育研究，2009, 30（06）：17-21.

❻　杨令平，司晓宏. 西部县域义务教育均衡发展现状调研报告 [J]. 教育研究，2012, 33（04）：35-42.

源一体化配置已成为实现区域间教育公平的重要途径。

研究表明，虽然农村地区义务教育资源配置效率较高，但存在省际差异。总体来看，西部农村义务教育资源配置综合技术效率明显高于东部，中学高于小学；规模效应也有类似的表现。从规模报酬来看，中东部规模报酬递减的省份多于递增的省份，而西部地区规模报酬递增的省份多于递减的省份。❶中小学呈现出鲜明的"核心—外围"效应，核心区域中小学就学效率高，服务区域大；远离核心区域的地方，中小学就学效率低，服务范围小；中学"核心—外围"效应高于小学，核心区域应该增大对外服务功能。❷

在教育信息资源优化配置过程中，虽然可以借助东部资源配置的先进理念指导西部欠发达地区教育信息资源的开发与建设，把东部优质教育资源整体移植到西部，促进东部优质教育信息资源在西部应用。❸然而，地域和观念差异、信息化和教育基础设施差距、师生信息能力和意识差别预示着移植并不会一帆风顺，可能会无疾而终。

教育信息资源建设与应用存在并列的两个主体，一是资源建设者，即资源建设主体，简称主体；二是受教育者，即资源使用主体，简称客体。在整个资源建设和推广应用过程中，通常仅强调客体向主体运动，而忽视主体向客体转化，忽视教育者的主体地位，以及西部地区形态各异的社会、经济、文化发展状况，秉承"东部资源西部用"的理念，一味追求简单移植、复制资源推广模式，且要求客体必须用、无条件用，应用还必须出效益，导致了资源建设与应用脱节，对当地的教育发展和革新作用不大。因此，需构建西部地区农村基础教育信息资源建设双向选择机制，进一步优化教育信息资源配置，建设中不仅要考虑前瞻性，还必须考虑适用性，以满足本地资源使用主体的需求❹。

————————————

❶ 杨倩茹，胡志强.基于 DEA 模型的我国农村义务教育资源配置效率研究 [J]. 现代教育管理，2016，(11)：15-21.

❷ 陈芸芬，雒占福.兰州市基础教育资源空间分布特征及布局效率研究 [J]. 干旱区资源与环境，2017，(01)：44-50.

❸ 徐莉莉.农村新教师城乡一体化培养模式的构建 [J]. 中小学教师培训，2014，(05)：9-12.

❹ 梅英，李红军.略论民族地区农村基础教育信息化建设的资源选择机制 [J]. 昆明学院学报，2012，34（03）：79-82.

针对区域认识和观念差异，加之西部地区缺少信息化建设经费，师资队伍信息化水平低，缺乏统一的西部教育信息资源建设规划等因素的影响，使得西部地区教育信息资源建设相对落后。可以由政府主导，统筹教育信息资源建设规划，实施东西部协同，开展校校联合，对现有资源进行整合，加快教育信息资源的开发和应用，通过数据镜像等方式，为师生提供更为专业和前瞻性的信息资源，让师生获得方便快捷的信息和服务❶。

在影响西部地区区域间义务教育资源配置的诸多因素中，信息质量是影响资源感知有用性和促使用户继续使用意愿的主要因素，信息质量越高，用户认为资源越有用，继续使用资源的意愿就越高；民族性也是一个主要因素，更多用户希望从教育信息资源中获得民族文化知识。因此须建立科学的评价指标体系，保障教育信息资源建设的质量；同时，还应该考虑民族特性，从民族基础教育的特殊性出发，开发校本资源和地方特色资源，促进民族教育的发展❷。

在教育信息资源配置的影响因素中，经费的投入是一个不得不考虑的重要因素。由于各地政府部门在义务教育师资配置中的重视程度和倾向性不同，使教师资源主要集中于发达地区、大中城市，而农村地区较为匮乏；资源配置标准不完善导致资源建设混乱；缺少相应的强化教育信息资源协同配置的法律法规等。导致西部地区区域内城乡义务教育经费配置相对差异虽然在缩小，但绝对差异却在逐步扩大，城乡间高年级教育经费的配置均衡度大于低年级，制度和公共教育政策也对教育经费的配置具有显著影响❸。由于城乡间教育资源建设投入存在较大差异，均衡调控义务教育资源配置，更需发挥政府主体性作用，明确义务教育资源的教育功效或社会功效，确立义务教育资源配置区域导向，制定资源梯度配置策略，确保资源向西部地区、欠

❶ 陆凤红，张新月．民族地区高等教育信息化建设的制约因素和发展思路 [J]．科技情报开发与经济，2010, 20（05）：110-111.

❷ 李卫英．川黔民族地区基础教育信息资源持续使用意愿影响因素研究——基于期望确认理论视角 [J]．贵阳学院学报（社会科学版），2017, 12（05）：62-69.

❸ 庞祯敬，雷小阳．四川省城乡义务教育经费资源均衡配置实证研究——基于 2001—2010 年省级面板数据的测算 [J]．教育理论与实践，2014,（11）：12-14.

发达地区、农村地区延伸，均衡城乡义务教育发展❶。

各级政府教育投入的责任和分担比例划分不明确，财政转移支付制度不规范等原因导致西部欠发达地区、农村地区教育信息资源建设投入不足，迟滞欠发达地区义务教育信息资源的发展。西部欠发达地区教育经费投入的增长速度远低于教师和学生的增长速度，也低于生均面积的增长速度，实证结果表明，经费投入越高，辍学率越低。教育投入与产出结构严重影响教育资源配置的效率，教育发展取决于经济发展程度，优化教育经费投入是教育优化发展的内生动力❷。

因此，强化西部地区教育资源建设，须以中央和省级财政为主，完善义务教育财政转移支付制度，加大资源建设经费投入，构建完善的义务教育信息资源评价指标体系，依法保障欠发达地区义务教育信息资源均衡配置❸。

国外学者的研究主要侧重于高等教育资源配置和效率研究。Castro-Leal 从公共教育资源的分配效应入手，对马拉维的教育改革与贫困人口的影响关系进行实证研究，分析政府教育投入与消除贫困之间的关系，结果显示，增加教育投入对于消除贫困具有积极作用，因此，提出在教育资源配置中，须进一步增加教育投入，以便能够带来更高的效益❹。

Karen 以五所公立学校为样本，构建学校资源使用情况的评价指标体系，提出一套教育资源使用效率评价方法以研究教育资源的使用情况，结果表明，教育资源具有创新和良好的表现，对教育的发展具有很好的推动作

---

❶ 潘玉君，姚辉. 县域义务教育资源配置结构及空间差异实证——以云南 25 个边境县为例 [J]. 学术探索，2017，（04）：151-156.

❷ 高宁，李景平，张记国. 基于相关性和 DEA 的西部地区教育资源投入配置的评价与优化研究——以甘肃省为例 [J]. 教育科学，2015，（01）：10-17.

❸ 刘远碧，李银川，何洪周. 西部义务教育资源配置的现状及优化策略探究——以成都市为例 [J]. 教育与教学研究，2018，32（01）：36-45+124.

❹ CASTRO LEAL. Poverty and inequality in the distribution of public education spending in South Africa[EB/OL]. Washington DC: World Bank，February 1999. ［2019-08-15］. http://documents.worldbank.org/curated/en/517971468781194575/pdf/multi-page.pdf.

用，而教学目标和学校发展战略对教育资源配置有着重要的影响❶。

Diane 的实证研究结果表明，学生的表现与教育资源配置存在显著性关系，教育资源配置越充分，学生的表现越好，合理分配教育资源不仅能够节约大量的教育成本，还能促进教育取得良好效果。因此，需要深入研究教育资源配置，以便在教育改革中探索高效率的资源配置方法，进而获得更高的效率❷。

Clark 指出，研究教育资源配置不仅是现实需要，也是政府致力于研究建立一个什么样的教育评价体系、选取何种教育资源配置模式才能获得更有效的教育产出的需要，他通过面板数据分析澳大利亚学校财政支出与学生成绩间的关系，研究结果显示，学校教育资源配置方式对学生成绩产生较大影响，教育资源配置越好，越能提高学生的成绩❸。

Delaney 构建高等教育与预算关系经验模型，运用统计方法分析美国各州高等学校基本拨款和其他项目拨款的关系，结果表明，教育资源配置中，教育投入是一个比较重要的影响因素，促进高等教育均衡发展，需要州政府预算进行平衡❹。

从国外教育信息资源配置研究的经验来看，教育信息资源的优化配置对于教育教学改革、提高学习成绩非常重要，因此不仅需要重视资源建设，还应注重资源使用效率，如促进信息技术与课程的融合，为教师和学生设计、开发适合的信息资源等措施，推动教育信息资源软硬件建设与应用，改

❶　KAREN HAWLEY MILES, LINDA DARLING HAMMOND. Rethinking the allocation of teaching resources: some lessons from high performing schools[EB/OL]. Consortium for Policy Research in Education (CPRE), 1997.11. [2019-06-23]. https://repository.upenn.edu/cgi/viewcontent.cgi? article=1079&context=cprerese archreports.

❷　DIANE PAN，ZENA H RUDO. Examination of resource allocation in education connecting spending to student performance[R].Southwest Educational Development Laboratory，Research Report. April 2003. http://www.sedl.org/pubs/policyresearch/policydocs/Executive-summary.pdf.

❸　COBB CLARK. Public policy and the labor market adjustment of new immigrants to Australia[J]. Springer,2003,16(04):655-681.

❹　DELANEY J A, DOYLE W R. State spending on higher education capital outlays [J]. Research in Higher Education, 2014, 55(05):433-466.

革传统的教学和学习模式❶。

（二）国内外教育信息资源配置绩效评价研究

构建优质的教育信息资源能够进一步提高教学质量，挖掘教育发展潜力，教育信息资源的优劣直接影响教育质量，因此，对教育信息资源进行评价意义重大。对教育信息资源的评估能精准衡量当前资源建设与发展的水平，准确判断或者预测今后的发展趋势。评估通常通过构建基于阶段性、人本性、结构开放性的绩效评估模型，从质量、价值、内容和方法等方面判断资源的可用性和利用的价值。

教育绩效评价是在一定的教育目标要求下，对教育目标的实现程度、资源配置状况以及过程安排等进行综合评价❷，包括教育效果、效益和效率三个方面。教育效果是评价教学活动结果与预设教学目标的吻合程度；教学效率是评价教学投入所获得的产出效果；教学效益包括经济效益和社会效益两个方面，经济效益体现为资源的利用率，社会效益是指教育活动对个人和社会所产生的影响效果❸。

教育绩效评价过程是一个关注现实、未来和资源使用的动态循环过程，从历史态势开始，对教育的发展进程、状态、趋势等进行评价，不仅注重过程，还着眼于未来，评价内容包括教育目标定位、目标实现程度、学习活动、教育教学业绩、教育活动安排等方面，绩效评价有助于资源优化配置❹。教育绩效评价包括教育资源评价。

目前，为了通过绩效评价结果以获得更为科学的决策依据，教育信息资源评估已由单一性向多维性，由单纯评估向多元交叉评估转变❺。学者提

---

❶　赵慧臣，杨萍．美国教育信息资源教师项目的特征与启示 [J]. 远程教育杂志，2015, 33（04）：75-83.

❷　殷雅竹，李艺．论教育绩效评价 [J]. 电化教育研究，2002,（09）：21-22.

❸　成江荣，解月光．农村中小学教育信息化绩效评估指标体系的构建 [J]. 中国电化教育，2011,（02）：47-52.

❹　冉隆锋．绩效评价：基础教育评价的应然选择 [J]. 教育测量与评价（理论版），2010,（05）：24-27.

❺　吴砥，余丽芹，李枞枞，吴磊．教育信息化评估：研究、实践与反思 [J]. 电化教育研究，2018, 39（04）：12-18.

出，为确保教育信息资源建设的质量和资源使用效率，应该把项目管理和绩效管理引入到教育信息资源的评价之中，通过项目绩效管理机制跟踪资源建设、管理和应用的全过程，促进资源建设的可持续发展。全过程包括启动项目、计划项目、实施、跟踪与控制项目、项目收尾工作等项目管理过程，以及绩效计划、绩效沟通、绩效评价和绩效反馈等绩效管理过程❶。

从投入与产出的角度来看，绩效拨款是国际上流行的教育资源配置主要评估方式，在增加投入，完善生均拨款时，引入绩效拨款机制，优化投资结构和加强资金的管理，能够进一步优化教育资源配置❷。

教育资源配置的绩效评估可借鉴平衡计分卡原理构建绩效评估模型实施评价❸。平衡计分卡是美国会计学家卡普兰（Kaplan）和复兴方案公司总裁诺顿（Norton）于 1990 年在研究"未来的组织绩效测量方法"之后提出的，其核心思想是通过财务、客户、内部业务流程、学习和成长等指标，研究影响绩效的各因素间相互驱动因果关系，以呈现组织的战略痕迹，然后改善组织流程，改进绩效考核方法，以及对战略目标实施修正❹。

在评估实施中，科学的评价指标体系是评价的灵魂，指标权重的确定是评价的基础和前提。学者提出，对社区网络资源的评价可采用层次分析法确定各项指标权重，然后采取模糊评价的方法进行综合评价❺。也可以采用"十C"原则和 CARS 检验指标体系对教育信息资源进行评价，"十C"包括内容、置信度、连贯性、可比性等十个原则，CARS 包括置信度、准确性、合理性、支持度等四个基本指标❻。

而在农村中小学教育信息资源评估中，可以采用构建面向纵向和横向

---

❶　贺志强，张京彬.教育资源建设的项目绩效管理机制研究 [J]. 中国电化教育，2009,（11）: 74-79.

❷　应望江，李泉英.高校绩效评价指标体系设计及应用研究——以教育部直属高校为例 [J]. 国家教育行政学院学报，2010,（02）: 45-50.

❸　王艳林.平衡计分卡下高校绩效评价指标体系设计 [J]. 财会通讯，2009,（23）: 59-60.

❹　罗伯特·卡普兰，大卫·诺顿.平衡计分卡：化战略为行动 [M]. 刘俊勇，孙薇，译.广州：广东经济出版社,2004:20.

❺　胡水星，邱相彬.社区网络教学资源的绩效评价研究 [J]. 电化教育研究，2010,（12）: 71-73+79.

❻　陈东，肖立志.现代远程教育信息资源的评价 [J]. 黑龙江高教研究，2005,（02）: 54-56.

发展的评估指标体系进行评价❶；横向上，建立区域间评价指标，研究区域教育信息资源配置的差异问题；纵向上，借用平衡计分卡理论，从角色、发展和视角几个维度构建区域性教育信息化效益评估指标，预测未来教育信息资源的发展方向❷。于洋以辽宁省为例，通过构建资源配置绩效评价指标体系，计算绩效评价指标值，从时间、空间等多个维度研究区域义务教育资源配置问题，结果显示，无论从时间还是空间上来看，区域内和区域外义务教育资源配置都存在较大差异，区域间的差异大于区域内的差异，且随着时间的推进，差异呈进一步扩大趋势。影响教育资源配置的主要因素之一是办学条件存在差异，因此，均衡资源配置需要加大对基础薄弱学校的投入，改善办学条件；建立合理调配机制，加大教师交流，鼓励教师深造，促进优质教师的合理流动等❸。

对教育资源配置绩效指标体系进行研究和实践的学者有，周金燕构建包括教育均衡指数、高中教育和高等教育两个阶段的教育公平指数、教育存量公平指数等四个二级指数的综合指标体系，结合基尼系数研究教育资源公平问题❹。吕炜构建多层次绩效指标体系，采用主成分分析法研究公共教育支出和产出质量与外部绩效的关系❺。任晓辉构建义务教育支出效率指标体系，采用 CIPP 模式，包括背景（Context）、输入（Input）、过程（Process）和结果（Product）四个主要指标，分析地区经济和教育的基本情况、教学条件、教育投入、教育产出和结果间的关系❻。罗林根据 3E（经济性、效率性和有效性）原则设计绩效评价指标体系，结合"投入—过程—产出—效果"与 SSP 分析范式，即制度结构（Structure）、制度安排（System）和

❶ 成江荣，解月光.农村中小学教育信息化绩效评估指标体系的构建 [J].中国电化教育，2011，（02）：47-52.

❷ 顾小清，林阳，祝智庭.区域教育信息化效益评估模型构建 [J].中国电化教育，2007（05）：23-27.

❸ 于洋，韩增林，彭飞，刘天宝.辽宁省义务教育资源配置差异的时空演变分析 [J].地域研究与开发，2016，（06）：21-26.

❹ 周金燕.我国教育公平指标体系的建立 [J].教育科学，2006，（22）：13-16.

❺ 吕炜，王伟同.中国公共教育支出效率：指标体系构建与经验研究 [J].世界经济，2007，（12）：54-63.

❻ 任晓辉.中国义务教育支出效率评价研究 [M].上海：复旦大学出版社，2010: 78-85.

制度绩效（Performance），研究义务教育支出绩效的经济性、效率性与有效性❶。陈岩构建包括人力资源、设备资源、科研资源 3 个一级指标、15 个二级指标和 51 个三级指标的评价指标体系，分析河南省高等教育资源配置情况❷。江永杰从背景、投入、产出三个方面构建评价指标体系，运用因子分析法研究我国义务教育财政支出绩效情况❸。刘安长引入关键绩效指标模型，设计财政支出绩效指标，并使用专家直观判断法确定指标权重，研究财政支出的效率问题❹。张红云以基础教育公用经费的投入、使用、产出和效果四个要素为一级指标，使用层次分析法研究基础教育公用经费投入与支出效果问题❺。谢霞飞从投入、过程、产出和效果四个维度出发构建评价指标体系，指标体系涉及 9 个二级指标、22 个三级指标，使用 AHP 和模糊综合评判法研究义务教育均衡发展支出绩效情况❻。

对绩效评估模型和方法的研究主要有以下几个方面。

一是使用统计学的方法进行研究。如尹德挺使用统计方法，分析教育与人口供给的关系。结果显示，教育资源配置与人口供给存在紧密的关联性，优化区域内教育资源配置，需要进一步优化人口供给，促进教育与人口的良性互动，通过关注教育拐点，解决"教育资源供给"与"人口发展惯性"之间的矛盾；关注流动人口子女的流向，解决"教育政策限制"与"人力资本提升"的矛盾；关注资源优化配置，解决"教育资源总量"和"人口空间布局"之间的矛盾等❼。

二是通过使用投入与产出生产函数法研究教育资源配置问题。如丁小

❶ 罗林.农村义务教育支出绩效评价指标体系的构建 [J].西部财会，2011，（05）：8-11.

❷ 陈岩.河南省高等教育资源配置评价指标体系研究——基于改进的信息熵的蚁群聚类方法 [J].湖北社会科学，2013（06）：82-85.

❸ 江永杰.构建我国义务教育财政支出绩效评价体系研究——兼论吉林省义务教育财政支出绩效评价 [D].长春：吉林财经大学，2013:26.

❹ 刘安长.关键绩效指标设计在财政支出绩效评价中的应用 [J].地方财政研究，2013，（06）：30-33.

❺ 张红云.基于 AHP 法对基础教育公用经费投入与支出效果评价——以佛山某区为例 [J].广东技术师范学院学报（自然科学），2016，（02）：118-125.

❻ 谢霞飞.义务教育均衡发展支出的绩效评价研究——基于 AHP 和模糊综合评判法 [J].中南财经政法大学研究生学报，2016（S1）：55-63.

❼ 尹德挺，胡玉萍，郝妩阳.首都教育资源配置与人口发展态势的互动 [J].人口与经济，2016，（04）：62-70.

浩运用统计回归实证分析学校的规模效率，投入与产出状况❶。汪长江使用柯布—道格拉斯生产函数对教育的投入与产出效益进行分析和研究❷。邓露以各级学校为切入点，采用 VEC 模型，分析教育资源在各级学校之间的配置情况❸。

三是使用主成分分析法研究资源配置效率问题。如刘媚运用因子分析法，以宁夏回族自治区固原市为例，研究九年义务教育发展状况，结果显示，各地区间义务教育的发展存在不均衡状况❹。任保奎构建了一套教育资源配置指标体系，使用主成分分析法对各个指标变量进行降维处理，实证分析教育资源配置效率❺。戴胜利运用主成分分析法，实证分析长江沿岸十一个省市教育资源配置情况❻。

四是使用数据包络分析法分析教育资源配置效率问题。如岳晶晶以 1997—2008 年数据为样本，通过数据包络分析模型分析我国义务教育资源配置效率情况❼。郭娟以义务教育财政资金为主要自变量，国内生产总值为控制变量，教育体制改革为虚拟变量，运用数据包络分析法分析我国义务教育资源配置效率❽。高宁运用 Dea 方法分析教育资源投入配置情况。Anthanasso Poulos 选取英国 45 所大学为样本，利用数据包络分析法，研究英国高等教育资源配置效率问题。投入指标由投入费用（包括图书购置费、微型计算机服务费）、学生成绩、成本效率、结果效率等要素组成，产出指标由毕业生人数、硕士和博士研究生学位授予数、加权研究评价等要素组成，数据包络分析结果显示，教师学术研究成果与学校教育资源配置效率

---

❶ 丁小浩. 中国高等院校规模效益的实证研究 [M]. 北京 : 教育科学出版社 , 2000: 157.

❷ 汪长江. 高等教育投入产出效率基于经济学的分析与思考 [J]. 浙江海洋学院学报 , 2007,（02）:112-134.

❸ 邓露. 基于 VEC 模型的教育投资效率研究 [J]. 经济评论 , 2008,（06）: 39-52.

❹ 刘媚, 吕新. 采用因子分析法综合评价义务教育的发展 [J]. 宁夏师范学院学报（自然科学）, 2007,（03）: 99-102.

❺ 任保奎, 关冠军. 北京与部分省市高等教育投入—产出效率比较研究 [J]. 北京工业大学（社会科学版）, 2008,（01）: 77-80.

❻ 戴胜利, 李霞, 王远伟. 高等教育资源配置能力综合评价研究——以长江沿岸九省二市为例 [J]. 教育发展研究 , 2015,（09）: 35-42.

❼ 岳晶晶. 我国义务教育资源配置效率——基于 DEA 方法的实证研究 [D]. 兰州 : 西北大学 , 2011:27-28.

❽ 郭娟. 财政支持对义务教育资源配置效率的影响研究 [D]. 西安 : 西北大学 , 2012:34-35.

呈正相关关系，具有更高资源配置效率水平的学校，一般都能产出众多学术研究成果，而学校的规模大小与学校资源配置效率不存在显著性相关关系❶❷。Preeti Tyagi 运用数据包络分析模型研究印度 348 所基础教育学校的办学效率，并提出相应的政策建议❸。Lars-Erik Borge 使用包络分析挪威初中教育资源配置情况，通过投入与产出模型分析教育资源配置效率的变化情况❹。Helen Tsakiridou 结合问卷调查和最小二乘法分析原因，使用数据包络分析瑞典 17 所小学的资源配置效率。结果显示，资源配置效率达到相对有效标准的学校仅占 23%❺。

五是使用 Dea-Tobit 二阶段模型分析影响效率因素。如杨斌运用 Tobit 回归模型对影响农村义务教育资源配置效率因素进行分析，纯技术效率低下是导致西部地区农村义务教育资源配置效率低下的主要原因❻。蒋太红先使用 Dea 模型进行评价，然后通过 Tobit 回归模型分析农村中职教育资源配置效率情况❼。温涛使用 Dea 模型，通过 Tobit 回归模型分析重庆市各县区教育资源配置效率和影响因素❽。杨倩茹使用 Dea-CCR & BCC 模型和 Tobit 回归方法，研究我国农村义务教育资源配置效率及其影响因素❾。

六是使用 Dea-Malmquist 模型进行全要素生产率分析。如陶蕾运用 Dea-Malmquist 指数模型，以我国 31 个省、自治区、直辖市为对象，从教

❶ Anthanasso Poulos. Assessing the comparative efficiency of higher education institutions in the UK by means of data envelopment analysis [J]. Education Economics, 1997, 5（02）: 117-134.

❷ 孙家保 . 湖南省义务教育资源配置绩效评价研究 [D]. 长沙 : 湖南农业大学 ,2017:6.

❸ PREETI TYAGI, SHIV PRASAD YADAV, SINGH S P. Efficiency analysis of schools using DEA: A case study of Uttar Pradesh State in India[J]. Economics of Education Review. CiteSeerX, 2015. https://pdfs.se-manticscholar.org/6898/4b407b690e07ac832539066ba32ba21f16be.pdf.

❹ LARS-ERIK BORGE, LINN RENÉE NAPER. Efficiency protentional and efficiency variation in Norwegian lower secondary schools[J]. Norwegian University of Science and Technology. Finanz Archiv: Public Finance Analysis, Mohr Siebeck, Tübingen, 2006, 62(02), 221-249.

❺ HELEN TSAKIRIDOU, KONSTANTINOS STERGIOU. Evaluating the efficiency of primary school education[J]. Advanced Research in Scientific Areas, 2013, 12(02): 279-286.

❻ 杨斌 , 温涛 . 中国各地区农村义务教育资源配置效率评价 [J]. 农业经济问题，2009,（01）: 29-37.

❼ 蒋太红 . 中国农村中职教育资源配置效率研究 [D]. 长沙 : 湖南农业大学 ,2011:23-35.

❽ 温涛 , 王小华 . 政府教育资源配置的效率评价和改进路径——以重庆市为例 [J]. 西南大学学报，2013,（02）: 48-56.

❾ 杨倩茹 , 胡志强 . 基于 DEA 模型的我国农村义务教育资源配置效率研究 [J]. 现代教育管理，2016,（11）: 15-21.

育投入和产出的角度，研究教育资源配置效率问题。我国中等职业教育资源配置技术效率整体较高，但区域差异显著，西部优于中东部。技术效率负增长是制约教育资源配置效率的主要因素❶。刘昊昕以 2003—2007 年的数据为样本，研究河北省高校的办学效率，并通过 Malmquist 生产力指数分析全要素生产力的主要影响因素❷。贾婷月以我国 2004—2012 年间的数据为样本，使用 Dea-CCR 模型和 Malmquist 指数法研究公共基础教育配置效率问题❸。

七是其他研究方法，陈芸芬使用 GIS 空间分析方法，分析兰州市基础教育资源空间分布特征及布局效率❹。

（三）研究评述

综上所述，由于教育信息资源在教育信息化发展过程中处于重要位置，它不仅是实现教育信息化建设的条件，也是教育信息化建设的主要内容。而地区间、城乡间、校际间教育信息资源配置不均衡状况异常突出，导致教育非均衡发展，严重影响教育公平。因此，世界各国都在致力于努力以信息技术实现教育信息资源优化配置，如美国的"2061 计划"，日本的"教育信息化实施计划"，英国的"ICT 教育"，我国的"校校通工程""农远工程"和"2020 数字教育行动计划"，这些纲领性的规划和计划为本研究提供强大动力和指导。

从已有的研究文献来看，国内外学者在教育信息资源配置区域差异分析、资源建设机制体制、共享互换模式、政府角色转换、效益评价指标构建、应用实践等方面进行了全面而深入的研究，并提出了许多良好的意见建议，为本项目的研究提供了很好的借鉴。不过，现有研究中也存在一些缺憾或需要进一步深入研究和完善的地方。

---

❶ 陶蕾，杨欣.我国中等职业教育资源配置效率评价及分析——基于 DEA-Malmquist 指数模型 [J].教育科学，2015，（04）：26-31.

❷ 刘昊昕.湖北省高校教育资源配置效率研究 [D].沈阳：东北大学,2009:34-36.

❸ 贾婷月.公共基础教育配置效率：资源优化还是资源浪费 [J].上海财经大学学报，2017，（01）：49-60.

❹ 陈芸芬，雒占福.兰州市基础教育资源空间分布特征及布局效率研究 [J].干旱区资源与环境，2017，（01）：44-50.

一是研究需要充分考虑配置的综合性和复杂性。教育信息资源配置不仅具有复杂性、动态性、非线性，还具有地方性和区域性等，资源配置存在的问题不是单因素作用的结果，而是多因素联合作用的产物。因此，对教育信息资源配置的研究，需要强化宏观与微观、理论与实践以及静态与动态的结合，全方位把控教育信息资源配置中存在的问题，协调各要素间的相互关系，优化资源配置，为实现城乡义务教育均衡发展提供决策依据。

二是资源配置需要强化需求导向。信息资源开发建设的目的是为了应用，不仅需要考虑社会大众的需求，还需要考虑特殊地区的需求，在软硬件条件限制、财政投入有限的情况下，如何在现有条件下，确保师生获得优质教育信息资源，实现教育相对公平就成为城乡教育信息资源配置面临的巨大挑战。只有从资源使用主体需求出发，完善资源配置机制，才能实现帕累托最优，提高资源的使用效率。

三是资源配置需要考虑区域特殊性。西部地区教育均衡发展是国家教育均衡发展的重要组成部分，缺少西部地区教育信息资源优化配置，缺少城乡教育均衡发展，就很难实现教育机会公平、资源公平和结果公平。针对西部区域信息资源配置差异与存在问题，有学者提出可以借助东部的经验，移植东部资源配置的方法，或者政府主导建设中心资源库等措施，对西部地区教育信息资源配置机制、模式构建及措施的选择具有很大的益处，不过移植并不会是一帆风顺的，需要结合区域特殊性。

四是资源配置效率需要采用综合评价方式进行。在教育资源配置绩效分析研究中，学者们虽然使用了有很多研究方法，但自数据包络分析法被引入教育领域研究之后，通过数据包络分析法分析教育资源配置效率，已成为资源配置效率实证研究中较为有效的方法。然而，由于影响资源配置的因素多种多样，相互间关系复杂，仅使用一种方法，很难准确分析资源配置的效率和影响因素。

针对以上问题，本研究从三个方面展开工作。一是结合西部欠发达地区的特殊性，更多关注义务教育信息资源的配置效益和均衡发展，以欠发达地区的典型代表云南为例，研究欠发达地区城乡义务教育信息资源配置中存在的问题，以及资源使用效率问题；二是构建城乡义务教育信息资源配置评价指标体系，采用数据包络和问卷分析法对欠发达地区城乡义务教育信息资源配置绩效进行量化，分析教育信息资源配置效率问题；三是从协同学的角度出发，探讨城乡义务教育信息资源配置中的效率与公平问题，借鉴国内外资源建设、配置、使用效率研究成果，以需求为导向，构建义务教育信息资源协同配置机制模型。

第三章

教育信息资源配置理论

理论是研究的指引，对科学理论的系统梳理不仅能够指引实践研究，也是对实践研究的归纳、总结和升华。本章主要介绍与教育信息资源配置密切相关的协同理论、绩效理论、公共产品理论和供给与需求理论。

一、协同理论

（一）协同理论的产生与发展

协同并不是新生事物，早已有之。它随着人类社会的出现而产生，随着人类社会的进步而发展。在《说文解字》中，"協"的意义为"众之同和也。从劦、从十。""同心之和。从劦、从心。"[1] 即众人同声应和，一齐发力，同心同力。

"协同"一词最早来自古希腊语，与其意义与协调、协和、协作、同步、和谐、合作等词相近。所谓协同，是指协调多个不同资源、要素或个体，一同完成某一目标或某件事的过程或能力[2]。按照康德在《纯粹理性批判》中对关系范畴的论述，协同性即为主动与受动之间的交互作用[3]。协同的结果是使每个个体获益，整体得到加强，个体与整体共同发展。

协同理论也称"协同学"，它是系统科学的一个分支，即它是"一门关于协同的科学"或者"一个系统的各个部分协调工作"。20 世纪 40 年代，

---

❶　许慎. 说文解字（下）[M]. 北京：九州出版社，2001: 817.
❷　陈斌，刘侃，胡世辉. 协同学理论在公立医院改革中的应用探讨 [J]. 医学与社会，2011, 24（12）: 51-54.
❸　康德. 纯理性批判 [M]. 邓晓芒，译. 北京：人民出版社，2004:72.

随着一般系统理论、控制论的确立和系统复杂性理论的提出，人们意识到经典科学在复杂系统研究中存在局限性，学者纷纷从不同视角研究系统中各个要素的协同性问题，相继产生平衡变相、稳定性结构、耗散结构、超循环等理论。

20 世纪 70 年代初，德国物理学家、联邦德国斯图加特大学教授赫尔曼·哈肯（Hermann Haken）在研究激光理论的时候发现，物理系统内部存在着的规律比系统间合作的效果更为突出，系统内部的各个子系统通过自我组织可实现从无序到有序的转变，外表看起来混沌、无序的各个子系统通过协同后能够产生一个有序的新结构、新系统，进而又会促使各个原先相对独立的、自治的子系统相互配合，协同工作，从旧结构向新结构、从旧系统向新系统转变，产生协同关系❶❷。协同关系的确立标志着协同理论的诞生。

1977 年哈肯出版专著《协同学》，标志着协同学科的建立。20 世纪 80 年代，迈克尔·波特在协同作用机制中引入价值链，使用价值链来解释协同的作用。通过协同机制，企业通过构建自身内部各单位间的关联性或者企业间的关联性，可以获得竞争优势❸。供应商所进行的各种活动方式不仅影响企业活动的成本、效益，供应商的价值链也在其他接触点影响企业。通过改变供应商价值链结构，或者改善企业和供应商价值链之间的关系，能够使企业和供应商双方都受益❹。因此，只要把相关的不同业务组合起来产生协同效应，就能创造新的价值。

随着研究的不断深入，人们对协同理论的研究从静态协同向动态协同转变，从内部协同向外部协同转变。安索夫在《公司战略》一书中首次将协同学引入管理学，他指出，在市场规模、战略领域、竞争优势和协同四个战略要素中，协同源于规模经济，其本质是一种盘活资源的手段，促使已有资源充分发挥作用，这是一种静态协同，静态协同是协同主要围绕联盟或网络

❶ 张心悦. 基于协同理论的我国科技计划资金监管政策研究 [D]. 合肥：中国科学技术大学,2018:13.
❷ 白佳鑫. 以矿产资源为原材料的铸造业转型升级路径研究 [D]. 北京：中国地质大学, 2019: 8-9.
❸ 迈克尔·波特. 竞争优势 [M]. 陈小悦，译. 北京：华夏出版社,1997:36.
❹ 韩晓红，李剑南. 基于价值链视角的成都皮鞋制造企业竞争力探讨 [J]. 企业经济, 2009,（08）：48-50.

的静态联系展开。动态协同是指实现知识资本和人力资本的交互作用，产生新的要素资源。而内部协同是协同在企业或者组织内部生产、管理、经营各阶段进行，不同方面、不同环节同时利用同一种资源产生整体效益；外部协同是协同在一个集群企业或者组织中进行，通过相互协作、共享业务流程和特定资源，使集群企业或者组织获得更高的效益。从内部协同研究向外部协同研究拓展，突破了系统边界的限制❶。

在跨组织合作以及政策执行方面，有学者把政策协同定义为一个过程，就是在面对相似任务环境时，多个组织共同使用已有的决策规则，或通过这些规则实施变革的过程❷，或者是通过多个政策的相互协调、匹配，以完成共同目标的过程，协同在此过程中主要起协调作用，避免规划或政策与实际工作出现冲突。为实现政策目标，政策制定者（政府）和实施者需要把差异化的政策或措施进行协调、互相结合❸❹，以使政策要素或政策子系统形成合力，相互协作、配合，实现共同目标。协同经常出现于存在伙伴关系的两个组织成员之间，协助完成"共同工作""伙伴工作""资源共享""团队工作"和"合作"❺。成员之间或成员与组织之间拥有共同目标和资源，成员之间或组织之间共同决策、共享资源达成共同目标、共同分配成果❻。

Meijers 把协同定义为一个"政策整合"过程，协同就是指政府各部门之间，或同一部门内部各业务单位之间，为解决超越现有政策边界，或超越单个职能部门职责范围而进行的政策整合过程。他把协同划分为三个层次，最低层为政策合作，中间层为政策协调，最高层为政策整合。政策合作使各个部门能够更好地实行各自的目标；政策协调使各个部门内部保持政策的一

❶　白佳鑫 . 以矿产资源为原材料的铸造业转型升级路径研究 [D]. 北京 : 中国地质大学 ,2019:8-9.

❷　ROGERS D L, WHETTEN D A. interorganizational coordination: theory, research, and implementation [M]. Iowa State University Press, Ames,1982:78-79.

❸　彭纪生 , 吴林海 . 论技术协同创新模式及建构 [J]. 研究与发展管理 ,2000,12(05),12-16.

❹　彭纪生 , 仲为国 , 孙文祥 . 政策测量、政策协同演变与经济绩效 : 基于创新政策的实证研究 [J]. 管理世界 ,2008,(09),25-36.

❺　GAJDA R. Utilizing collaboration theory to evaluate strategic alliances[J]. American Journal of Evaluation,2004,25(1):65-77.

❻　STANK T P, KELLER S B, DAUGHERTY P J. Supply chain collaboration and logistics service performance[J]. Journal of Business Logistics,2001,22(01):29-48.

致性；政策整合是实现跨部门政策一体化和统一性❶。

策略联盟把"政策—整合"分为四个层次，即合作、协调、协同和联合。合作就是各部门相互分享信息、进行相互支持；协调就是各部门共同完成任务以及相互兼容目标；协同是通过策略整合完成共同目标；联合是进行结构统一和文化合并等。从合作到协调，到协同，再到联合，是一个从低级到高级的整合过程❷，如图3-1所示。

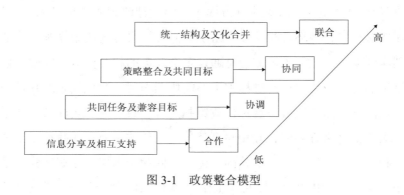

图 3-1　政策整合模型

（二）协同理论的主要思想

随着协同科学的建立，协同理论的研究领域也发生变化，主要转向研究非平衡的开放系统是如何在与外界物质或能量交换的情况下通过自身内部协同作用实现平衡的，包括自发形成时间、空间和功能上的有序结构。协同理论的主要内容可概括为协同效应、伺服原理和自组织原理几个部分❸。

协同效应是指系统内部各子系统之间相互协同、相互作用进而产生的集体效应或者整体效应。在复杂开放系统中，在外来的能量作用下或者物质聚集达到临界值时，子系统之间就会产生协同作用❹，使系统发生质变，进

❶　EVERT MEIJERS, DOMINIC STEAD. Policy integration: what does it mean and how can it be achieved? A multi-disciplinary review[J/OL], 2004. http://userpage.fu-berlin.de/ffu/akumwelt/ bc2004/download/ meijers_stead_f.pdf.

❷　GAJDA R. Utilizing collaboration theory to evaluate strategic alliances[J]. American Journal of Evaluation,2004,25(1):65-77.

❸　白列湖. 协同论与管理协同理论 [J]. 甘肃社会科学 ,2007,(05):228-230.

❹　朱占峰. 基于 TSP 约束的城乡一体化物流配送体系的构建 [J]. 物流技术 , 2011, 30（05）: 63-66.

而产生协同效应。

伺服原理是相互作用的各子系统在自组织过程中，要求各要素具有协作关系，使快变量服从慢变量、序参变量支配子系统。通常，系统的动力学和突现结构通常由几个少数序参变量（集体变量）决定，其他变量的行为主要由序参变量决定和支配。快速变化、快速衰减变量组的状态由慢速变化、慢速衰减变量组的状态决定。

自组织原理是在系统没有外部指令的情况下，系统内部各子系统能够按照某种规则自动形成一定的结构或完成一定的功能，即在外部物质流、能量流、信息流输入后，系统通过内部各子系统间相互协同作用形成新的时间结构、空间结构和功能结构，它具有自生性和内在性的特点。

从政策的视角来看，协同可分为微观、中观和宏观三个层次。宏观协同主要关注政府总体战略与国家宏观战略的一致性；中观协同主要关注跨部门的政策协同，即跨部门的政策领域决策体制的一致性以及跨领域政策的一致性，目标是构建政策领域的决策体制和机制或者设计议题的具体政策方案；微观协同是实现具体政策目标的一致性，促使一个部门内部多个业务单元进行政策协同[1]。

协同理论在社会科学领域得到广泛应用，尤其是公共管理领域。在企业管理中，协同作用是指企业从资源配置和经营范围的决策中寻求各种要素共同努力以达到"1+1>2"的效果。协同作用是直接的、可见的，如农场将农产品剩余物用于饲养家畜，再将饲养家畜产生的有机肥用于农作物生产，农场同时经营农作物生产与饲养家畜的效果，会比单独经营农作物生产或者进行家畜饲养所产生的效果更好一些。

在企业管理中，协同可分为管理协同、销售协同、投资协同和作业协同四种。投资协同是企业内部各经营主体共同使用企业设备和原材料储备，分享企业专用工具和专有技术，共同研究开发新产品的活动过程。作业协同是充分利用已有设备和人员，共享由经验曲线形成的优势活动过程。管理协

❶ 周志忍，蒋敏娟．整体政府下的政策协同：理论与发达国家的当代实践 [J]．国家行政学院学报，2010，（06），28-33．

同是充分利用其管理能力和管理经验，同时管理多个业务，获得比管理单一业务更大的效益。销售协同是使用共同品牌、销售渠道、销售机构和推销手段，获得更大的销售收益。

从管理学的角度看，协同机制分为形成机制、实现机制和约束机制，形成机制又分为评估机制和利益机制；实现机制分为协同机会识别机制、价值预先评估机制、沟通机制、要素整合机制，约束机制包括支配机制和反馈机制❶，如图3-2所示。

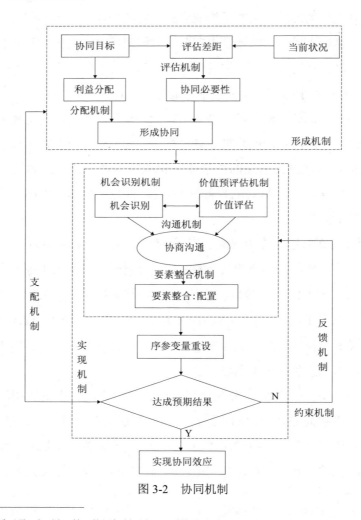

图 3-2　协同机制

❶ 潘开灵, 白列湖 . 管理协同机制研究 [J]. 系统科学学报 .2006, 14（01）: 45-48.

约束机制是实现协同的条件，包括协同的必要条件、稳定条件和充分条件。协同具有一定的适用范围，即协同系统必须满足四个必要条件，即系统是开放的、非平衡的、非线性的和随机变化的 ❶。

　　评估机制是主体在进行协同之前，对目标所要达到的效果与当前的状况进行比较，评估二者之间存在的差距，分析实施协同的必要性，然后再采取协同行动。形成协同的关键是系统各要素在协同目标一致的条件下，通过利益机制明确协同目标在各主体之间合理的利益分配，实现各自利益的最大化。如果不能对所有主体利益进行合理分配，实际利益下降或者不发生改变时，一般不会形成协同。因此，各要素之间的利益是协同系统通过互惠、互利、双赢、共同发展的利益机制促成的。

　　实现机制中，协同机会识别机制就是寻求协同的机会，研究系统中哪些方面可能产生协同。协同价值预先评估机制就是评估协同可能带来的效应，挖掘协同要素的价值。协商沟通机制是为系统各要素能较好地形成协同，并使系统发挥整体功能所采取的交流和沟通的方式。整合机制是在协同机会识别、协同价值评估及沟通交流的基础上，对各要素进行的权衡、选择和协调，使系统有序化的过程。

　　约束机制中，支配机制是指系统实施协同过程中，协同作用创造各子要素序参变量，而序参量反过来支配各要素依其给定的"命令"合作行动。判断协同执行效果是否达到预期效果，若没有达到，则需要对前面的机会识别机制、价值评估机制、协商沟通机制等进行修正。反馈机制主要是检验协同效应是否达到预设目标，如果协同与预设目标不一致，则需要对协同进行重新识别、价值评估、交流协调、要素整合与配置等，循环持续，以至于产生新的序参变量，实现预设目标。如果预设目标已达到，则停止循环过程，结束协同机制。

---

　　❶　邢明强，王丽锟．基于协同理论的京津冀科技人才共享机制的构想 [J]．经济研究参考，2016，(40)：48-53.

（三）协同创新

协同创新是一种资源的优化配置，是把各种要素进行有效协同，优化配置程序，实现各方利益体的共同需求。随着信息社会的发展，越来越多的数字化资源随着资源应用的深入不断产生。从信息结构形式来看，数字资源属于碎片化的资源，不能形成生产力或者系统性的知识以指导实践，这表明，需要协同创新，优化配置碎片化的数字资源，满足社会对创新人才培养的需要。

协同创新主要应用在科技领域，目前已逐步引入到社会生活、人文科学、教育研究领域。协同创新是一种博弈，目标是合作共赢。在配置过程中，协调各利益相关主体的需求，优化配置政府资源、高校资源、社会资源等，达到均衡最优、利益最大化的目的。

协同创新还是一种理念，一种组织形式，是为了资源得到较好的优化配置，解决资源条块分割、碎片化、非系统性的问题，使资源更符合社会和个人的需求。

从管理的角度看，协同创新还是一种制度安排和流程控制，通过制度安排或流程调控，满足各方利益主体的共同需求，以达到效益最大化。

二、绩效理论

（一）绩效的概念

绩效最早用于投资项目管理，即投资过后所获得的收益或业绩，之后逐步应用于人力资源管理、社会经济管理等领域。

绩效的英文为"performance"，原意为行为、效率、性能、业绩、成绩、工作成果等。绩指业绩、成绩，体现企业利润目标，效即效率、效果、行为、方式等，体现企业管理的成熟度。因此，绩效至少包含两层含义，成绩和效率，即在一定的环境、资源条件下，对所完成的任务、工作进度、目标实现程度等进行衡量和反馈，多指个人或者组织行为的成绩、收益和效果。

经济合作与发展组织（Organisation for Economic Co-operation and Development，OECD）指出，绩效是一项活动实施后所得到的结果与预期目标相比，是否呈现出有效状态，包括活动的效率、经济性与效力、是否遵循规定的流程、公众的满意度等。普雷姆詹德认为，绩效内含效益、效率和节约等意思，体现生产过程的效率，产品与服务的数量与质量，主体对象的贡献等 ❶。

综合来看，绩效是在一定的资源、条件和环境下，个人、团体、组织完成任务的出色程度，能衡量目标实现的程度和反馈效率的达成情况，它还指活动实施后的结果，是效益、效率和有效性等几个方面的统称，包括投入与结果的比率关系、投入的合理性、结果的有效性等内容是否达标 ❷ ❸。绩效的作用主要用来衡量目标的达成情况、挖掘存在的问题、进行利益分配、促进个人、组织和团体的成长。

管理大师彼得·F.德鲁克指出，所有的组织都应该思考"绩效"为何物。绩效是一个多维概念，观察和测量的视角不同，结果也会不一样。

从管理学的视角来看，绩效是组织预期的结果，是为实现组织目标，组织或者个人所展现出来的，在不同层面上的有效输出结果。包括组织绩效和个人绩效，个人绩效是指个人目标和任务的达成情况；组织绩效是在某一时期内，组织任务完成的效果、效益、数量、质量和利润等情况，组织绩效建立在个人绩效基础之上，但个人绩效的达成并不能保障组织绩效的实现，而组织战略的实效会影响个人绩效的目标实现，进而影响组织绩效标目的实现 ❹。

从经济学的视角来看，绩效和薪酬存在紧密关系，体现了一种市场等价交换的原则。薪酬是组织对个人承诺的体现，是个人努力工作的前提；而绩效是个人对组织承诺的体现，是个人进入组织的前提。

从社会学的视角来看，每一个社会成员都应该按照社会分工中所承担的角色完成各自的职责，包括生存权利、履行的义务、维护社会公序良俗的责任等。

❶ 普雷姆詹德.公共支出管理[M].王卫星，译.北京：中国金融出版社,1995:56.
❷ 陆庆平.公共财政支出的绩效管理[J].财政研究,2003,（04）：18-20.
❸ 丛树海,周炜,于宁.公共支出绩效评价指标体系的构建[J].财贸经济,2005,（03）：37-41.
❹ 付亚和.绩效管理[M].上海：复旦大学出版社,2008:4.

影响绩效的主要因素有激励效应、外部环境、员工技能以及内部条件等。激励效应是为了达到预设目标，为组织和个人提供相应激励措施，使其积极、主动工作，属于主观因素；外部环境不随组织和个人的意志为转移，不受组织和个人影响和控制的客观因素；员工的技能是员工具备的核心能力，是通过开发和培训得以提高的内在因素；内部条件是组织和个人开展工作所需的各种资源，属于客观因素，不过在一定程度上组织和个人能够改善内部条件的制约。只有激励效应具有主动性和能动性，才能进一步提高个人工作的积极性和主动性。

绩效分为结果绩效、行为绩效和结果与行为绩效❶。结果绩效是工作产出的结果和成果，是个人留下的东西，是个人工作成绩的记录。从结果出发，绩效就是特定工作职能或者活动在特定的时间内产生的结果或者效果。与绩效结果相关的概念有职责、结果、责任、任务、目标、目标等。结果绩效研究多用于实践研究❷。在国外，结果绩效研究方法已经占据统治地位，国内一些学术研究也逐渐采用结果绩效研究方法。

Kane 和 Bernardin 等认为，相对组织行为来说，结果更容易通过客观标准来进行衡量。在组织管理中，注重结果是一个绩效管理的好办法。不过结果受系统影响，过度重视结果绩效，会导致过度重视结果内容而忽视方法和实现方式，会出现一些由现实问题导致的无法控制的过程因素，不适当的过多强调结果还会导致在工作要求上误导员工等。

随着研究的不断深入，越来越多的人认为，绩效是一种行为，它是行为的同义词，应该与结果区分开来。许多工作的结果并不是个体行为导致的，而是受其他因素的影响，缺少工作的机会、在工作中的表现等都与工作任务有关。Murphy 认为，绩效是与个人在其工作中的组织或组织单元目标有关的一组行为。

此后，人们的研究从结果绩效转向行为绩效，即观察个人或者系统所完成的事情。认为绩效不是行动的结果，而是行为本身，是用来衡量人们的

---

❶　李刚, 程国平. 企业组织结构创新绩效评价指标体系研究 [J]. 科技管理研究, 2006,（12）: 46-48.

❷　理查德·威廉姆斯. 组织绩效管理 [M]. 北京: 清华大学出版社, 2002: 83.

与组织目标有关的、按个人行为能力测量的实际行动和行为，包括认知活动、心理活动、人际交往、物理运动等。行为绩效是针对个人绩效考核工作而提出的，也可以用于部门或者过程控制，包含任务绩效和关系绩效两个方面。任务绩效是指所规定的行为与特定的工作熟练程度有关；关系绩效是指自发的行为与特定的工作熟练程度有关。

通常，我们在评价一个人的行为时，不仅要看他在做什么，还要看他怎么做。较高的绩效不仅取决于做事的结果，更取决于做事的过程。因此，绩效可以定义为结果加行为。

总之，绩效可以是结果，也可以是过程，还可以是二者的统一体。不过，无论如何界定，其核心内容几乎是一致的，都包括行为和结果两个方面。在评价的过程中，绩效需要考虑投入是否合理、有效，行为本身是否能够合理协调其所处的环境和有效利用源，投入对产出的满足程度，结果与预设目标的接近程度，以及行为结果对后期的影响等。

随着研究的深入，我们在考察绩效时，不仅要看个人的当前行为和结果，还要看他的潜力。因此，有些学者认为，个人潜力也应该被纳入绩效考核的范畴。使绩效成为不是追溯过去，评价历史的工具，而是成为评价未来、考核预期收益的一种方法❶。

（二）绩效的衡量与评价

绩效都是可以衡量的，也是可以控制的。对绩效进行考核和控制，需要通过设计绩效指标或标准来实现。通过指标解决需要评估什么内容，通过标准来衡量完成的效果。绩效标准可以通过量化和非量化两种方式来实施，量化就是用具体的数值来表示，可以进行算数运算，通过计算出来的数字特征进行衡量，如中位数、平均值、方差、峰值等，也可以进行统计学上的相关性分析、回归分析、层级分析等，分析影响绩效的主要因素和相关要素等；而非量化是采取描述性的方式来实现，多为主观判断。在产品设计和制

---

❶ 付亚和．绩效管理 [M]．上海：复旦大学出版社,2008:4.

作过程中，也用于改善设计的结果，如果目标达到，说明所做事情正确，做事的过程正确，绩效与组织目标也一致❶。

绩效评价是组织依照预先确定的评价标准、量化指标以及评价程序，运用科学的评价方法对评价对象的工作业绩、能力等进行定期、不定期的考核评价。绩效评价的结果可以作为职务晋升、工资晋级的依据。当前，绩效评价已成为一种制度，不仅用来考核个人或组织工作的成效，而且通过绩效评价进行激励、反馈和对程序实施调整控制，其已成为一种考核评价工具并应用到多个领域❷。

斯金纳最早把绩效引入教育领域，用来解释人们在教育环境中是如何操作的，它能够改善先行者的意图，强化训练；通过反馈改善人们的意图、学习操作和控制环境。评价不仅是一种操作，还是一种理念，贯穿于整个教育过程，是一个涉及理念、操作、过程持续不断改进、螺旋式上升、波浪式推进的过程，评估模型的建立需要考虑影响因素的起步、应用、融合、变革和发展几个阶段❸。对资源配置结果的评价称为资源配置效率，是对资源投入与人才培养产出进行的衡量。目前，资源绩效评价主要侧重于结果，而忽视对过程管理的评价，如此，不仅不利于教学和科研的管理，也不利于长期战略目标的达成。

三、公共产品理论

（一）公共产品的概念

公共产品理论是经济学研究的重要内容，是新政治经济学的基本理论。根据公共经济学理论，政府是公共经济活动的中心，为社会提供公共产品和劳务。

---

❶　JAMES A. PERSHING. Handbook of human performance technology (the third edition)[M]. San Francisco: Pfeiffer, 2006:12.

❷　祝智庭，尚春光，郭炯．教育技术与教育创新——绩效评价的理论、系统与实践 [M]. 北京：高等教育出版社，2011: 30-31.

❸　杨斌，解月光，孙艳．农村基础教育信息化绩效评估模型的构建 [J]. 中国电化教育，2009,（07）: 29-32.

现实社会存在两种物品，一是公共消费品；二是私人消费品。公共消费品也称为公共产品，根据萨缪尔森在《公共支出的纯理论》（*The Pure Theory of Public Expenditure*）中的定义，公共消费品是所有人都能共同使用的，任何个人的使用和消费都不会减少其他人对其的使用和消费的物品或服务，具有非排他性和非竞争性❶，无论你是否愿意购买它，它所带来的好处都会不可分割的散布在社会的每个角落。因此，公共消费品一般由政府或社会团体提供，义务教育与国防、环保、科技、文化一样等都属于公共产品，每个人消费的产品数量和质量都是相同的，且是不可分的，部分和整体也相等。私人产品是消费者拥有或者消费的产品只是总体的一部分，每个人消费的产品数量和质量都有可能不相同。

对公共产品的研究最早可以追溯到大卫·休谟（David Hume）。休谟虽然没有直接给出公共产品的定义，但在其《人性论》中提出，对每个人都有益的物品应当由集体来完成，对每个人都有益的物品即为人们所说的集体消费品，这种消费品已初步具有了公共产品的雏形❷。

亚当·斯密在《国富论》中指出，国防、司法行政等所必需的公共设施、公共工程等对社会来说是有益的公共服务，与其性质相同的其他设施和工程如人民教育公共设施，包括青少年教育基础设施以及与一切年龄阶段相关的人民教育设施等，这一类公共服务需由政府提供，并由社会来统一经营❸。

穆勒在《政治经济学原理》中指出，个人不可能主动建造灯塔一样的类似产品，因为他不可能去对使用者或受益服务者进行收费，以获得相应的补偿、实现盈利，而只能由政府通过使用税收进行建造并提供服务❹。马歇尔认为公共产品是只要有人提供，任何人都可以不付费就能消费的私人产品。

公共产品遵循效用—费用—税收程式，税收是人们享用公共产品和服

❶　PAUL A SAMUELSON. The pure theory of public expenditure[J]. The Review of Economics and Statistics, 1954, 36(04):387-389.

❷　大卫·休谟. 人性论 [M]. 关文运，译. 北京：商务印书馆,1996:176.

❸　亚当·斯密. 国富论 [M]. 唐目松，等译. 北京：商务印书馆,2007:346.

❹　约翰·斯图亚特·穆勒. 政治经济学原理（上）[M]. 金镝，金熠，译. 北京：华夏出版社，2009: 234.

务应该付出的代价。虽然政府是公共产品的主要提供者或供给主体，但是仅仅依靠政府提供产品，无法满足人们对公共产品多样化的需求，需要引入市场主体，在竞争的作用下，提供更多的产品，以实现公共产品的高效配置。

（二）公共产品的本质特点

公共产品主要分为三类，纯公共产品、准公共产品和混合产品❶。纯公共产品具有规模经济的一般特征，在产品的消费上一般不存在"拥挤效应"，边际生产成本和边际拥挤成本为零，无法通过特定的技术手段实施排他性使用，否则将带来高昂的代价，如国防、安全、法律秩序等都属于典型的纯公共产品。

混合公共产品的边际拥挤成本虽然不为零，但边际生产成本为零，如机场、公路等。准公共产品是具有有限非竞争性或有限排他性的公共产品，通常需要通过付费才能消费，介于公共产品和私人产品之间，如教育、公园、收费高速公路等。

与其他消费产品和服务相比，作为社会共同消费的公共产品具有非竞争性、非排他性、非分割性等特点。

消费的非竞争性主要表现为：一是边际成本为零。各消费者之间不会相互排斥、妨碍各自使用公共产品，每位消费者可以同时享受该产品，不会因用户的增加而产生多余的成本，即在公共产品自身数量不变的前提条件下，增加消费者数量对边际成本产生的影响为零。二是边际拥挤成本为零。消费公共产品数量和质量不会因为某位消费者的消费而有所损耗，不会因为用户的增加而降低产品的数量和质量，也不会增加产品的消耗成本。消费上不存在竞争性，属于利益共享产品。

受益的非排他性主要表现为：公共产品不排除被他人消费，一人消费不影响多人消费，任何个人不能阻止他人消费；无论是否愿意，任何人都不

---

　　❶　樊勇明，杜莉.公共关系学 [M].上海：复旦大学出版社，2007: 6-10.

能拒绝使用公共产品；任何人都可以同等消费和使用相同数量和质量的公共产品，不会因个人的地位和权力不同而有所差异。

整体的非分割性主要表现为：公共产品具有非分割性，产品的使用是在维持其完整性的前提下，由众多消费者共同使用、共同分享的。

公共产品具有的非竞争性、非排他性和非分割性决定消费者在消费这类产品时，只能共享而非占有，消费者可以不受他人的影响而使用该产品，也不能影响他人的使用该产品。公共产品不仅包括物质产品，还包括服务产品，也包括精神产品。

义务教育完整体现了上述公共产品所具有的三大特性。义务教育通过《中华人民共和国义务教育法》（2006）规定受教育者和政府行为，要求我国所有适龄儿童、青少年必须接受九年义务教育，具有强制性、统一性和公益性，依法接受义务教育是每位公民的基本权利，也享有平等接受义务教育的机会，任何人都不能妨碍他人获得义务教育。义务教育是国家行为，也是政府行为，它是通过纳税人的钱所实施的公益活动，关注的重点是教育公平，目的是提高国民素质，在消费上义务教育具有排他性，供给上不易排除，具有广泛的社会效益，它是一种纯公共产品 ❶。

作为义务教育的基础，教育信息资需要由政府计划提供，在经费、设备、人员等方面给予必要保障，满足适龄儿童的需要。由于地区发展存在差异，在政府财力有限的情况下，可以强化政府的监管和协调职能，借助社会力量，引入市场机制，在政策和投入方面倾向于欠发达地区、偏远农村地区，使区域教育信息资源得到均衡发展。

四、供给与需求理论

供给与需求是经济学领域常用的两个概念，是人们通过市场进行的交易行为，是市场经济运行的主要力量。传统经济理论认为，商品的价格和产量是由市场决定的，需求则产生于人们对物品的某种需求或欲望；供给产生

---

❶ 陈云，杨年芳.基于公共产品理论的教育资源优化配置研究 [J].当代教育论坛，2010,（10）：18-19.

于最终用户的需求。

（一）需求

需求即索取、需要，是消费者既有购买欲望，又有购买能力的行为[1]。如果没有支付能力，即使具有再大的购买意愿，也不会形成有效的需求。

一种商品的需求量，由许多因素共同决定，包括商品的价格、消费者的收入、购买欲望、偏好以及预期等。可以用函数公示来表示需求，$Qd=f(P, T, I, P_1, P_2, e, A)$，$P$ 为商品价格，T 为偏好，I 为消费者收入，P_1 为替代商品价格，P_2 为互补商品价格，e 为需求者对未来商品的价格预期，A 为其他因素。

通常，在不考虑其他因素的情况下，若只考虑商品本身的价格，可以使用简单的需求函数来表示，$Qd=f(Pd)$，需求曲线如图 3-3 所示，商品价格越低，消费者对该商品的需求量就越大，反之则越小。若在商品价格一定时，消费者的收入越高，购买力越强，对商品的偏好程度越高，商品的需求量也越大，反之对商品需求量会下降。

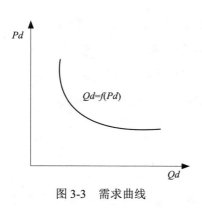

图 3-3　需求曲线

经济学领域，政府可以采取多种方式促进需求，如通过财政和货币政策，增加财政赤字和政府购买力，扩大出口，刺激消费，进而促进经济增长。

作为一种商品，教育信息资源要满足用户的需求，即对资源使用主体有用、符合其使用预期、并能支付相应的费用，才能提高其需求量和使用效率，发挥教育信息资源的作用。

（二）供给

供给是生产者在一定时期内，在各种可能的价格下，愿意且能够提供

❶　高鸿业．西方经济学（第六版）[M]．北京：中国人民大学出版社，2014：15．

的商品数量❶。是商品生产者把商品出售给需求方。

一种商品的供给数量由多个因素决定，包括商品价格、用户需求量、生产成本等。可以用函数公示来表示供给，$Qs=f(P, t, r, P_r, e, B)$，其中，P 为商品本身价格，t 为生产技术水平，r 为生产过程投入品价格，P_r 为相关商品价格，e 为供给方对商品未来的价格预期，B 为其他因素。

一般地，若只考虑商品本身的价格，可以使用简单的供给函数来表示，$Qs=f(Ps)$，供给曲线如图 3-4 所示。商品价格越高，生产者对此商品的供给量就越大，反之则越小；生产成本越低、用户需求量越高，此商品的供给量也会越大。在其他因素不变的情况下，商品价格若上升，商品的供给量会增加；而商品价格下降时，商品供给量会随之降低。

经济学领域，供给是通过结构性改革，调节全要素供给，提升供给效率，引导要素合理流动，增强经济发展的动力，进而实现经济的长期均衡增长。

作为一种产品，教育信息资源的供给与发展取决于资源开发主体的供给意愿、资源本身的质量、可达性、可用性，以及资源开发的成本。

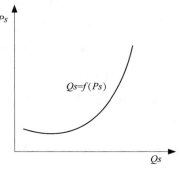

图 3-4　供给曲线

（三）供给与需求平衡

均衡即变动的力量处于一种平衡、静止状态。供需平衡是均衡的集中体现，即供给与需求这两种力量处于一种势均力敌的状态，相对静止、稳定。若使用数学函数来表示即为 $Qd=Qs$，供给与需求平衡时，如图 3-5 所示，供给函数曲线与需求函数曲线相交于一点 $M(Q_0, P_0)$。

商品供需失衡主要包括两种情况，商品供过于求，价格下降，产能过剩；需求大于供给，供不应求，价格上涨。要实现国民经济健康、稳定发

❶ 高鸿业 . 西方经济学（第六版）[M]. 北京：中国人民大学出版社，2014: 18.

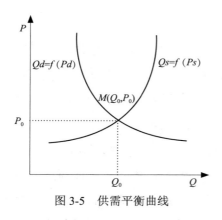

图 3-5　供需平衡曲线

展，需要通过供给侧改革，实现供需平衡。

教育信息资源供给是资源供给主体通过相应的供给机制向资源使用主体提供信息资源，满足当前资源使用主体需求的过程。教育信息资源存在错配，致使供给结构性失衡，导致资源供应与需求不匹配。教育信息资源的供给存在以下几种供需匹配关系，供给大于需求、供给小于需求、供给与需求错位。其中，供给错位主要表现在两方面，一方面，网络信息资源容量庞大；另一方面，高质量的资源偏少，适用本地教育需求的资源偏少。

教育信息资源配置均衡就是要优化教育信息供给系统，实现资源的供给与需求的平衡，从经济性、效率性和有效性等方面进行考虑，宏观调控兼顾市场运行规律，改善供需关系，重点由侧重资源量供给向优化服务质量转变，教育信息资源的开发者根据资源使用主体的需求进行开发，资源符合资源使用主体的意愿，愿意且有能力获得，进而发挥教育信息资源的最大效用。

教育信息资源供给侧改革就是要处理好政府、市场和学校三者之间的关系，解决政府供给、市场供给、公益供给和自我供给中的不足，如图 3-6 所示❶，在考虑国情和教育使用主体需求的情况下，政府不仅要提供资源，还要发挥宏观调控的作用，通过政策、监管等方式调节教育信息资源市场供给和支持学校开发所需资源；市场发挥"看不见的手"的作用，弥补政府资源供给的不足；学校根据本地需求，弥补市场供给不足，提供校本资源，市场和开发形成协同，共同满足资源的需求。

❶　陈明选，冯雪晴. 我国数字教育资源供给现状与优化策略 [J]. 电化教育研究，2020, 41（06）：46-52.

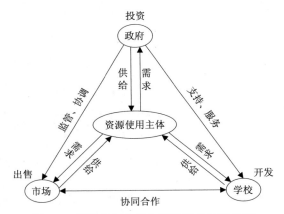

图 3-6　资源使用主体与资源供给间的关系

第四章

欠发达地区义务教育信息
资源配置现状

通过《教育信息化"十二五"规划》《国家信息化发展战略（2006—2020年)》"三通两平台"《教育信息化十年发展规划（2011—2020年)》《教育信息化"十三五"规划》的实施和建设，进一步完善了我国教育信息化环境，基本构建了覆盖城乡义务教育的教育信息化体系，促进教育信息资源的共享，有效推进信息技术与课程教学的融合与发展。然而，教育信息资源配置不均，城乡间、区域间差距依然较大，尤其是西部欠发达地区，无论是信息基础设施的完备程度，还是教育教学信息资源的建设与共享程度，都与发达地区存在较大差距，且西部欠发达地区城乡间、校际间也存在失衡的情况。

一、区域间教育信息资源配置情况

自1978年邓小平同志在全国教育工作会议上呼吁开展电化教育以来，我国教育信息化经过40多年的快速发展，从最初的计算机操作应用向利用互联网开展现代远程教育构建终身教育体系发展，从确立信息技术教育向建设数字化校园推动教育信息化发展，从鼓励信息技术在教育中的简单应用向通过信息技术实现智能化教育发展，不断推进教育信息资源的优化配置。但不同地区间、区域内部城乡间教育信息资源配置不均，教育信息化发展差异较大的状况依然存在。

（一）信息化规划进一步促进信息资源优化配置

为促进教育信息化发展，实现区域间教育资源均衡发展，国家制定和颁布了一系列法律法规和战略规划，通过政策调整、优化教育信息资源均衡配置，并取得了可喜的成绩。

2003年《中共中央国务院关于进一步加强农村教育工作的决定》中提出，通过实施农村中小学现代远程教育工程，促进城乡优质教育资源共享。2003年教育部在《农村中小学现代远程教育工程试点工作方案》中明确提出，合理选择试点地区，加大经费投入，制定资源配置标准，促进区域资源均衡发展。2003年教育部在《2003—2007年教育振兴行动计划》中提出，通过实施"教育信息化建设工程"，围绕信息基础设施建设、教育信息资源建设和信息技术在教育教学中应用来开展工作，提高教育信息化应用水平。

在2004年国务院下发的《关于征集农村中小学现代远程教育资源》通知中明确提出，国家将通过教育卫星网向农村中小学免费提供优质教育资源，进一步提高农村中小学教学质量。2006年在国家发布的《国家信息化发展战略（2006—2020年）》中提出，要加大教育信息资源建设的力度，推进农村现代远程教育的发展。2010年国家颁布《国家中长期教育改革和发展规划纲要（2010—2020)》，纲要明确提出，教育财政拨款、师资配置、学校建设等方面需向农村倾斜，缩小城乡差距，建立义务教育城乡一体化发展机制，2020年基本建成覆盖城乡各类中小学的教育信息化体系，优化教育信息资源配置，促进教育教学内容、手段、方法的现代化，实现城乡义务教育均衡发展❶。

在《教育信息化"十二五"规划》中明确提出，为实现教育信息资源共享，要实施"宽带网络校校通""优质资源班班通""网络学习空间人人通"等"三通两平台"建设。《教育信息化十年发展规划（2011—2020年）》从国家层面对我国教育信息化工作和发展进行全面部署，提出发展国家公益性网络，缩小基础教育数字鸿沟，2020年基本实现宽带网络覆盖所有地区、所有学校，探索教育信息化可持续发展机制，包括培训教育技术能力，推广教育信息化标准，培养教育信息化后备人才等。

---

❶ 中共中央办公厅、国务院办公厅. 国家中长期教育改革和发展规划纲要（2010—2020）[EB/OL].
[2017-07-12].http://www.moe.edu.cn/publicfiles/business/htmlfiles/moe/ moe _838 /201008/93704.html.

为加强教育信息资源建设，早在 2001 年，教育部就提出建设国家、省级、校级精品课程，为学习者提供体系化的电子课程资源，包括课堂视频、教案、练习、教学大纲等内容；2012 年提出构建教育信息资源公共服务平台，实现教育信息资源共建共享。2013 年中央电化教育馆推行《国家教育资源公共服务平台规模化应用试点方案》以及制定《国家教育资源公共服务平台教育资源审查办法（暂行）》，2014 年中央电化教育馆把推行教育资源开发、应用和服务作为教育信息化建设的重点工作，教育部等四部委和中国人民银行联合制定利用信息化手段扩大优质教育资源覆盖面的有效机制实施方案，加速推进城乡义务教育信息资源建设与共享。

《教育信息化 2.0 行动计划》赋予教育信息化新的使命，明确提出 2020 年实现数字化校园涵盖所有学校，教育应用囊括所有老师，学习应用覆盖全部学生，完成"互联网 + 教育"平台的建设，普遍提高教师和学生的信息素养能力和信息化水平。提出普及数字资源服务、网络学习空间全覆盖、实施网络扶智攻坚工程、规范数字校园建设、创新智慧教育、全面提升信息素养等 8 大行动，通过信息化实现教育发达地区对教育薄弱地区的结对帮扶，建设数字学校，推进数字学校的应用与普及，通过名校、名师网络课堂实现在"互联网 +"条件下的教育信息资源均衡配置。

2016 年《国家教育事业发展"十三五"规划》中提出，积极发展"互联网 +"教育，进一步完善教育信息基础设施建设，加快在线数字化教育信息资源建设，推动信息技术与学科课程的深入融合，强化优质教育信息资源的共建共享。2016 年《教育信息化"十三五"规划》中明确提出，实现教育信息化技术、服务的持续供给，通过基础教育信息化，实现更加公平、更高质量的基础教育。2016 年 6 月 1 日起开始实施新修改的《中华人民共和国教育法》，以法律形式确保基础教育信息化的顺利实施，通过信息技术实现优质教育信息资源共建共享，促进信息化教育教学水平和管理水平的提高。为贯彻《教育信息化"十三五"规划》，中央电化教育馆在《2017 年教

---

❶ 刘延东.把握机遇，加快推进，开创教育信息化工作新局面 [EB/OL].[2018-09-02]. http://www.moe.gov.cn/publicfiles/business/htmlfiles/moe/s3342/201211/xxgk_144240.html.

育资源开发、应用和服务工作要点》中提出，要进一步构建国家教育资源公共服务体系，推进"网络学习空间人人通"广泛深入应用，凸显"校校通""班班通"的综合效能，促进信息技术与教育教学深入融合。依照《国家教育资源公共服务体系建设实施方案》，目前国家教育资源公共服务平台为 200 万班级实现"优质资源班班通"，服务对象超过 7000 万人。通过网络扶智工程，重点推广"优质学校带薄弱学校、优秀教师带普通教师"，把优质教育数字资源输送到教育薄弱地区，进一步助推教育公平。

2017 年全面启动中小学、骨干教师"网络学习空间人人通"专项培训，并完成各地教育局局长的教育信息化专题培训工作，云南首次成立义务教育网络建设工作领导小组，强化义务教育网络的建设与监管工作。教育部启动云南彝良、甘肃舟曲、四川雷波 3 地利用高通量宽带卫星进行学校（教学点）网络全覆盖的试点工作，这三个县都是少数民族人口众多的贫困县。从 2014 年 10 月教育部开始推进"一师一优课，一课一名师"项目以来，据教育部科技司 2017 的统计数据显示，2016—2017 年度有 450 万名教师报名参加"一师一优课，一课一名师"活动、晒课 559 万堂。各地推出的省级优秀课程 5.3 万节，通过优课的评比活动，促进优质教育信息资源的共享和使用。完成初中物理、数学、化学三科藏语、蒙古语双语教育信息资源的建设工作。自 2013 年开始推行慕课，实施教学改革以来，目前已有包括爱课程、网易云课堂、华文慕课、学堂在线等上百个慕课平台，其中爱课程平台 2016—2017 年新增报名数 72 万人次，新增 21 万用户，新增素材 3 万条，在线授课程数达 2607 门次。截至 2017 年 10 月，通过国家教育资源公共服务平台开通 1143 万个教师空间、526 万个学生空间、461 万个家长空间、48 万个学校与机构空间 ❶。

（二）信息化发展不均和信息资源配置失衡问题依然突出

围绕国家层面的教育信息化战略规划与建设，进一步完善了信息基础

❶　中华人民共和国教育部 .2017 年 10 月教育信息化工作月报 [EB/OL].[2017-12-15]. http://www.ict.
edu.cn/news/yuebao/n20171205_45928.shtml.

设施建设，教育信息化环境得到了较大改观，促进了教育信息资源的共享。然而，据教育部的统计数据显示，2016 年基本完成教育资源公共服务平台建设的省区市只有 23 个，全面或基本完成省级教育数据中心建设的省区市仅有 15 个。如图 4-1 所示，虽然北京、上海、广东、浙江、江苏等地区中小学校已实现"宽带网络"全覆盖，但全国还有 12.5% 的中小学校没有接入互联网络，主要集中在中西部地区，如云南、甘肃和西藏没有接入互联网的中小学校分别为 22.3%、35.5% 和 44.2%，地理位置边远、交通不便的西部地区、欠发达的农村地区中小学校没有接入互联网的比例更高（统计数据未含港、澳、台地区）。

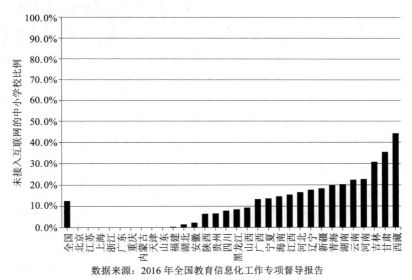

数据来源：2016 年全国教育信息化工作专项督导报告

图 4-1 2016 年全国各地区中小学接入互联网的情况（未含港、澳、台地区）

从接入网速和多媒体硬件建设情况来看，2016 年接入 10Mbps 以上带宽的中小学校虽然比 2014 年提高了 56.8%，但 2016 年带宽超过 10Mbps 的学校也仅占 64.3%，还有 35.7% 的学校网速低于 10Mbps。如图 4-2 所示，2016 年全国普通教室配备多媒体设备的中小学校为 56.7%，而云南仅为 18.8%，虽然多数城市中小学普通教室配备了多媒体设备，但是绝大多数乡村中小学普通教室并没有配备基本的多媒体设备，特别是村小学校没有相应的设备，不具备开展信息化教学的条件。

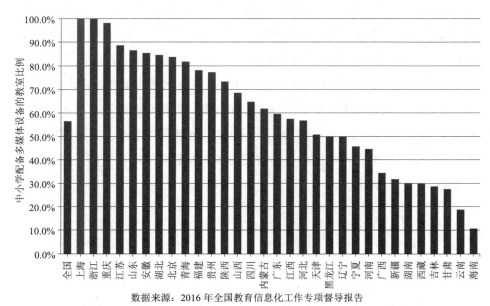

数据来源：2016年全国教育信息化工作专项督导报告

图4-2 2016年全国各地区中小学普通教室配备多媒体教学设备的情况（未含港、澳、台地区）

通过国家基础教育资源网（http://so.eduyun.cn/national/index），依托教育资源公共服务平台，已经构建语文、数学、英语、品德与社会、品德与生活、道德与法治、科学、音乐、美术等小学学科资源建设，以及语文、数学、英语、日语、俄语、思想品德、道德与法治、物理、化学等初高中学科资源，内容包括教案、课堂实录、微课、数字教材、教学课件等资源。不过从素材的表现形式来看，多数为文本素材，图形、图像、音频和视频教学素材偏少，虽然平台建有民族资源模块，但缺少相应的适合本地区教育教学所需的特色资源。

虽然2004年国家颁布了《中小学教师教育技术能力标准（试行）》，从意识态度、知识技能、应用创新、社会责任四个方面评价教师的信息技术能力❶。2014年5月教育部制定了《中小学教师信息技术应用能力标准（试行）》，要求中小学教师具备技术素养、计划与准备、组织管理、评估诊断、学习发

---

❶ 何克抗.关于《中小学教师教育技术能力标准》[J].电化教育研究, 2005,（04）：37-40.

展等方面的信息技术能力❶，然而这些标准在西部欠发达地区的农村中小学并没有得到很好的执行。从地理空间上来看，信息资源配置呈现出区域间严重不平衡状况，越是发达的地区，经济情况较好的城镇学校，信息资源越丰富；越是贫困的地区，经济情况越差的农村学校，信息资源越匮乏。

因此，资源配置需要解决地理空间配置失衡问题，这种失衡是由于经济欠发达、地理位置偏远落后等因素造成的，依靠市场无法缩小区域间差距，需要通过政策引导和宏观调控扭转。作为宏观调控实施者，政府可以采取一系列倾向性政策，包括采取转移支付、经费划拨、专项经费等措施，或鼓励和引导东部发达地区支持西部欠发达地区农村中小学教育信息资源建设、开发和应用，纠正教育信息资源配置中的内部结构失衡问题。

二、区域内教育信息资源配置不合理

作为一个欠发达地区，云南不仅民族文化丰富，特色也比较鲜明。云南是全国少数民族人口数超过千万的 3 个省区之一❷，且是少数民族种类最多的省份，仅世居少数民族就有 25 个。截至 2016 年，共有 1583.3 万少数民族人口，占全省总人口的 33.4%，部分少数民族自治州如怒江傈僳族自治州和迪庆藏族自治州，少数民族人口比例超过 90%。全省 16 个地级行政区，8 个为少数民族自治州，占地级行政区的一半；共计 129 个县中就有 29 个少数民族自治县，是全国少数民族自治县最多的省区。虽然有些地级行政区不是少数民族自治州，但也分布着众多少数民族人口，如共有 10 个县级行政区（1 区 9 县）的普洱市就有 9 个少数民族自治县，全市少数民族人口占总人口的 61%。

和西部其他欠发达地区一样，云南教育总体发展水平、教育信息化建设水平较低。据统计数据现实，如图 4-3 所示，2019 年云南普通高中录取率为53.4%，处于全国倒数第三位，远远低于黑龙江的 70.5% 和北京的 70.1%。

---

❶ 张屹，刘美娟，周平红，等.中小学教师信息技术应用能力的现状评估——基于《中小学教师信息技术应用能力标准（试行）》的分析 [J]. 中国电化教育，2014，(08)：2-7.

❷ 全国少数民族人口超千万的省区为广西壮族自治区、云南和新疆维吾尔自治区。

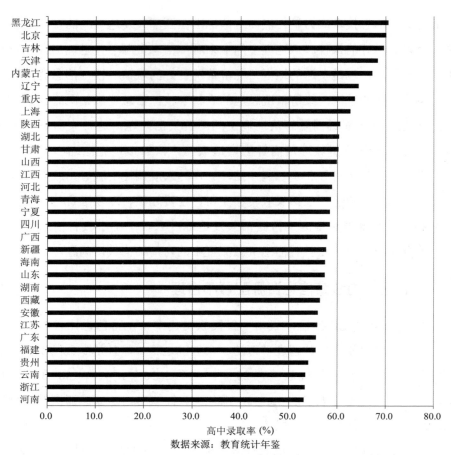

高中录取率 (%)

数据来源：教育统计年鉴

图 4-3　2019 年全国各地区高中录取率分布情况（未含港、澳、台地区）

不仅高中录取率、毛入学率低，高等教育毛入学率远低于全国平均水平，高考一本上线率也远低于全国平均水平。2016 年全国高中教育毛入学率为 87.5%，云南为 82.6%，仅比广西（87.3%）、新疆（89.9%）高，处于全国倒数第三位；2019 年全国各省区市高中毛入学率多数已超 90%，然而云南仅为 84%。2016 年全国高等教育毛入学率为 42.7%，云南仅为 32.6%，仅比广西（30.8%）、新疆（35.3%）高，同样处于全国倒数第三位；2019 年全国高等教育毛入学率上升为 51.6%，云南也提高到 46.1%，但与全国平均水平的差距依然不小。2020 年，云南高考一本上线率仅为 13.2%，仅为北京市的 28.8%。

在有关国家信息化规划与政策的指导下，通过"薄改项目"（实施义务教育薄弱学校改造项目）中的多媒体远程教育项目和中小学教育信息化设备建设项目、"三通两平台"等项目的实施，云南教育信息化建设取得了巨大的进步，教育信息资源配置日趋完善。教育资源公共服务平台、教育管理公共服务平台以及教育数据中心已初具规模，已能为中小学校提供数字课程和培训课程资源。构建了云南省基础教育资源公共服务平台，从 2013 年开始为全省教师提供远程教育资源支持服务，为中小学教师提供教育技术能力培训，并为全省高中学生提供网络选修课，并通过教育信息管理平台实现学生学籍和教师信息数据的管理。据全省教育工作会议的统计数据显示，截至2017 年底，全省高中阶段所有学校都已接入互联网，基本能开展多媒体教学，70% 的中小学接入互联网，多媒体教室约占 65%，超 31 万中小学老师通过云南教育资源平台创建了个人网络空间，约占教师总数的 73%。

然而在教育信息化建设和信息资源配置等方面还存在不少问题，虽然省级平台都与国家教育信息资源平台互联互通，但地州市以及县级教育信息资源共享水平低，乡镇一级更低，形成一个个信息孤岛，特别是经济发展落后、地理位置边远、地形复杂的农村地区尤为突出，没有形成资源共建共享机制，教育信息资源和教育数据没有得到充分应用，共享率低。很多农村地区中小学校园网络建设落后，宽带互联网接入率不到 50%，没有实现班班通，且很多接入互联网的学校宽带小于 10Mbps，无法满足学校实际教学的需要。即使配备交互式多媒体教室的学校，设备使用率也不高，没有发挥多媒体教室交互的功能和作用。虽然有绝大多数教师创建了自己的网络空间，但应用水平不高，使用效率低。下面我们从认识、建设、应用、评价等方面审视教育信息资源配置中存在的问题。

（一）认识不足

总体来看，大多数师生认为教育信息非常重要，能够帮助学生的学习，能改善教学质量，丰富生活，但真正能够正确释义教育信息资源的师生并不多。城乡中小学师生对教育信息资源的重要性以及教育信息资源是什么的认识存在差异。

1. 对教育信息资源的重要性认识有待提高

对教育信息资源的重要性认识不足，只有 71.5% 的师生认为教育信息资源重要，认为非常重要的比例仅为 30.2%，认为不重要的师生有 6.9%；且城乡师生对教育信息资源的重要性认识存在较大差异，越发达的地区，师生认为教育信息资源越重要，如图 4-4 所示，完全同意教育信息资源非常重要的省会城市中小学师生比例为 44.2%，是村小学的近两倍。

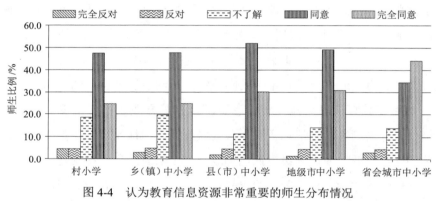

图 4-4　认为教育信息资源非常重要的师生分布情况

超过 90% 的教师认为教育信息资源重要，能够丰富生活、促进学习，认为不重要的仅为 3.6%，其中，认为非常重要的教师为 63.4%。几乎全部省会城市的中小学教师对教育信息资源的重要性持正面看法，持反对意见的教师比例仅为 2.5%，持反对意见的村小学教师比例为 3.5%，但村小学教师认为非常重要的比例远低于省会城市中小学教师，越靠近省会城市的中小学教师越认为教育信息资源重要。

认为教育信息资源重要的学生比例为 68.3%，认为不重要的为 13.3%，有近 30% 的学生不了解其是否重要。其中村小学生认为重要的比例为 60.4%，省会城市中小学生比例为 67.7%；有 19.8% 的村小学生认为教育信息资源不重要，认为不重要的省会城市中小学生比例为 12.2%，差异不太大。不过认为非常重要的村小学生比例仅为 15.6%，认为完全不重要的比例为 13.8%，超过认为非常重要的比例，而认为完全不重要的省会城市中小学生比例小于 6%。

信息技术老师的帮助能够进一步提高师生对教育信息资源的认识。76.6% 的师生认为有信息技术老师的帮助能更好地认识教育信息资源，反对的仅为 7.6%，不了解的为 14.1%。说明在信息技术老师的指导下，能够快速对教育信息资源进行系统而深入的学习和了解。

因此，需要进一步提高师生对教育信息资源的认识，在信息技术老师的帮助和指导下，对教育信息资源进行深入了解，特别是要让农村中小学师生认识到教育信息资源能为教学和学习带来较大帮助，才能激励他们使用教育信息资源，促进资源的优化配置。

2. 对教育信息资源了解不够深入

只有 44.3% 的教师完全了解教育信息资源，其中非常了解的教师仅为 8.3%，不了解的教师占 55.8%；其中，仅有 38.2% 的村小学教师了解教育信息资源，而了解教育信息资源的省会城市中小学教师比例为 61.1%，城乡差异较大。

说到教育信息资源，多数教师和学生首选图书室文献信息资料和网络信息资源。首选图书文献信息资料的中小学生比例为 64.3%，教师为 45.9%；选择网络信息资源的中小学生比例为 21.9%，教师为 37.3%。

认为教育信息资源是图书文献信息资源的教师比例为 29.3%，认为教育信息资源是网络信息资源的教师占 33.7%，认为教育信息资源是电子教材、教案的占 18.5%，认为教育信息资源是课件的占 13.3%，认为教育信息资源是数据光盘的占 3.8%，其他的占 1.5%。城乡教师认识存在差异，越靠近农村，认为教育信息资源是图书文献信息的比例越高，如图 4-5 所示，村小学教师认为教育信息资源是图书文献信息的比例为 42%，认为教育信息资源是互联网信息的占 26.2%；而省会城市中小学教师认为教育信息资源是图书文献信息资源的比例为 24%，认为教育信息资源是互联网信息的占 38.9%，县、市中小学教师的认识接近于省会城市中小学。

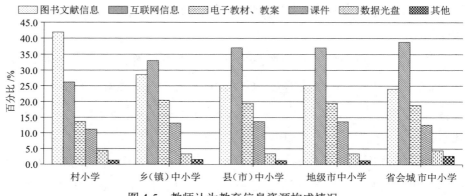

图 4-5　教师认为教育信息资源构成情况

　　总体情况来看，认为教育信息资源是图书文献信息资源的中小学生比例为 42.8%，认为教育信息资源是互联网信息的占 28.8%，认为教育信息资源是电子教案、教材的占 13.4%，认为教育信息资源是课件的占 8.7%，认为教育信息资源是数据光盘的占 4.8%，其他的占 1.6%，说明中小学生对互联网信息资源使用率较低，认识不够深入。同时，城乡中小学生对教育信息资源的认识存在较大差异，越靠近省会城市的中小学生对教育信息资源的认识越深入，如图 4-6 所示，村小学生认为教育信息资源是图书文献信息的占 45.6%，认为教育信息资源是互联网信息的占 25.7%；而省会城市中小学生

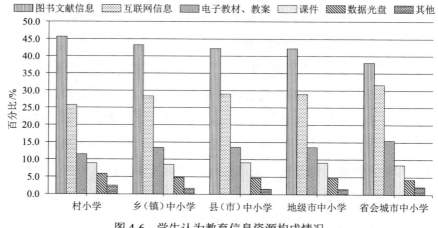

图 4-6　学生认为教育信息资源构成情况

认为教育信息资源是图书文献信息的占 38%，认为教育信息资源是互联网信息的为 31.6%。

无论认为教育信息资源是图书文献信息资料，还是网络信息资源、电子教案和教材或是课件等，都是不全面、不完整的。实际上，以上这些资源都是教育信息资源，只是呈现方式或者表现形式不同而已。因此，需要提高师生对教育信息资源的认识，特别是提高农村中小学师生对教育信息资源的认识，只有对教育信息资源的重要性和作用有足够深的认识，才能够促进资源配置。

3. 对信息技术教师在资源配置中的作用认识不足

无论城市还是农村，大多数中小学教师认为，有信息技术老师的帮助，信息资源能够得到更好的配置，不过地区间存在差异。总的来看，72.9% 的教师认为信息技术教师有助于信息资源配置，越靠近省会城市认为有帮助的教师比例越多；认为没有帮助的教师占 8.7%，不了解的教师占 18.6%，越靠近省会城市不了解的教师比例越少。如图 4-7 所示，同意和完全同意信息技术教师有助于信息资源配置的村小学教师比例为 65.9%，不了解的比例为 22.3%，反对和完全反对的比例为 11.9%；同意和完全同意信息技术教师有助于信息资源配置的省会城市中小学教师比例为 79.3%，不了解的比例为 13.7%，反对和完全反对的比例为 7%。其中，完全同意信息技术教师有助于信息资源配置的省会城市中小学教师比例为 37.8%，村小学教师比例为 19.5%，地级市、县（市）、乡（镇）中小学教师比例分为 27.6%、26.7% 和 21.6%。说明越靠近城市的中小学教师对教育信息资源的认识越深入，越能认识到信息技术教师在资源配置中的作用，希望有信息技术教师帮助优化配置信息资源，而农村中小学教师由于对教育信息资源使用较少，对教育信息资源的优化配置认识也较为欠缺，没有认识到信息技术老师在教育信息资源配置中的作用。不过，从调查统计分析的结果来看，无论城市还是农村中小教师都还需进一步强化对信息技术老师在资源配置中的作用的认识。

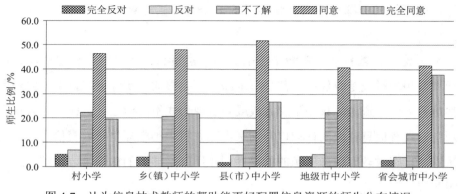

图 4-7　认为信息技术教师的帮助能更好配置信息资源的师生分布情况

4. 对信息技术优化资源配置的作用认识有待提高

84% 的中小学老师认为通过信息技术能更好地完善教育信息资源配置，不赞同的比例仅为 3.3%，不了解的比例为 11.6%。赞同的省会城市中小学教师比例为 92.4%，其中非常赞同的比例为 55.2%，而反对的教师仅有 0.6%；赞同的农村教师为 77.1%，其中非常赞同的比例为 21.2%，反对的教师仅为 5.3%，不了解的教师为 15.9%；地级市、县（市）、乡（镇）中小学教师的赞同比例介于二者之间。非常赞同的教师比例从村小学到省会城市中小学呈逐步增大的趋势，说明城市中小学教师对信息技术的熟悉程度比农村中小学教师高，更能认识到信息技术对教育信息资源配置的作用；而农村中小学教师对信息技术掌握程度不高，使用不熟练，并未完全认识到信息技术在教育信息资源配置中的作用。

（二）机构和人员配置不完善

1. 机构不健全

在调查中发现，20 世纪 90 年代很多中小学都内设有电教室负责本校教育信息化建设和资源开发工作，政府教育部门也有相应的机构如省级电教馆、州市电教科、县级电教室等负责组织、协调相关工作。然而，目前很多中小学已撤销电教室或者相关机构设置，工作已严重弱化，教育信息化工作主要由学校办公室负责，管理和协调工作的教师也不具有教育技术或者计算机相关专业背景。

不仅机构不健全，且相应教育机构的功能被严重削弱，协调难度加大，措施执行不到位，资金跟项目走，且受个人偏好等人为因素影响较大，带来重复性投资，造成大量的资源浪费。同时，由于地区间经济发展及收入不同，带来区域间和城乡间差异，越发达的城市，经济条件越好的学校投入越大，机构越健全，信息化建设越好，教育信息资源越丰富；经济条件越差的农村学校，越缺少相应的协调机构，投入越少，信息化建设越差，教育信息资源越匮乏。

2. 人员配置不完善

调查发现，配有专职教师负责教育信息化建设的学校不到总数的一半，配有兼职教师负责的学校比例为41.2%，没有教师负责的学校占到18.7%，越发达的地区，情况相对较好。如图4-8所示，村小学几乎没有配置专职教师负责本校信息化建设，配有兼职教师的学校比例为48.2%，没有教师负责的学校比例高达46.5%；而没有配备教师负责本校信息化建设的省会城市中小学比例仅为4.7%，配有专职教师的学校比例为70.3%，配有兼职教师的比例为25%。

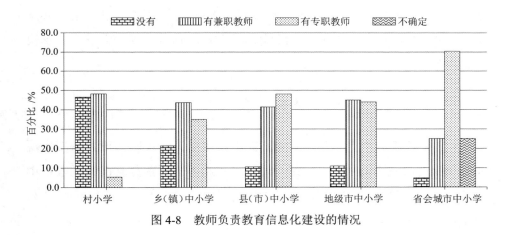

图4-8 教师负责教育信息化建设的情况

多数学校没有专职教师负责教育信息资源的建设、更新、管理和完善工作，且城乡差异较大。总体来看，有专职教师负责实施的学校不足四成，而没有专职教师负责教育信息资源建设、更新和管理的学校占 19.6%。越靠近农村，没有教师负责的学校比例越高，如图 4-9 所示，没有专职教师负责教育信息资源建设、更新和管理的村小学比例为 44.7%，有专职教师负责的比例仅为 10%；而有专职教师负责教育信息资源建设、更新和管理的省会城市中小学比例为 68%，没有专职教师负责的学校仅为 5.8%。

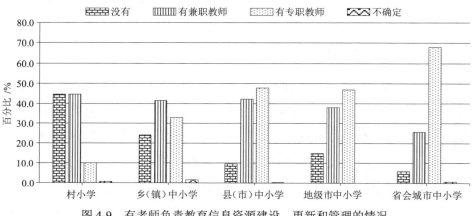

图 4-9　有老师负责教育信息资源建设、更新和管理的情况

机构不健全，人员配置不完整对教育信息配置带来重大影响。机构不健全，无法有效规划、组织信息资源配置；人员配置不完整，无法有效实施信息资源优化配置，致使信息资源不能得到较好的更新、完善和优化，解决信息资源的需求矛盾。

（三）基础设施和资源建设滞后

《教育信息化"十二五"规划》提出，通过"宽带网络校校通"实现90% 以上的村完小接入宽带网络，通过"三通两平台"实现 60% 的农村中小学能够共享优质教育资源，通过"网络学习空间人人通"实现 80% 的教师和 60% 的初中生拥有网络学习空间。

《云南省义务教育学校办学基本标准》要求，义务教育薄弱的初中、小学教育信息化建设必须满足以下基本要求。

乡镇及城市初中按 12 个教学班配备一间容量为 50 座的多媒体计算机教室，24 个教学班配备容量不少于 100 座的多媒体计算机教室，依次类推，按生机比 10∶1 的比例进行配备，并接入网速为 20Mbps 的网络专线，每名教师配备 1 台计算机，每所校配备一间不少于 15 台计算机的教师备课室。所有教室配备电子白板、投影或平板电视等多媒体教学设备，且配备相应的学科教学资料。

乡镇及城市小学按 12 个教学班配备一间容量为 45 座的多媒体计算机教室，24 个教学班配备容量不少于 90 座的多媒体计算机教室，依次类推，按生机比 10∶1 进行配备，并接入网速为 20Mbps 的网络专线，每名教师配备 1 台计算机，配备包括电子白板、投影或平板电视等多媒体设备的教室的比例达到 75%，且配相应的学科教学资源。

村小学按 18 个教学班配备一间容量为 45 座的多媒体计算机教室，超过 24 个教学班配备两间不少于 45 座的多媒体计算机教室；农村初中和九年一贯制学校按 18 个教学班配备一间容量为 50 座的多媒体计算机教室，超过 24 个教学班配备两间容量不少于 50 座的多媒体计算机教室。农村中小学配备包括电子白板、投影或平板电视等多媒体设备的教室的比例不少于 50%，且需接入网速为 10Mbps 的宽带网络。

然而，到目前为止，以上目标在多数地区并未完全实现。很多农村中小学不仅没有建成校园网、接入高速宽带网络、配备多媒体教室、搭建教学平台以及建成师生网络学习空间，也没有为每名教师配置 1 台计算机，平均为每 10 名学生配备 1 台计算机，教师电子备课室建设在多数农村中小学还是一片空白，信息资源建设也不够丰富。基础设施和资源建设存在的主要问题如下。

1. 资金投入不足

根据《中华人民共和国义务教育法》规定，义务教育投入实行中央和地方共同负担，分别由各省、自治区、直辖市人民政府负责统筹实施，但并没有明确各级政府资金筹集的目标以及应采取何种统筹方式。国务院规定农村义务教育经费分项目、按比例由各级人民政府负担，并在2015年《关于进一步完善城乡义务教育经费保障机制的通知》中明确中央和地方生均教育经费的分担比例，如西部和中部地区按8∶2实施，不过省级和县级政府应该承担多少比例并没有明确要求。由于各省、自治区、直辖市经济发展水平存在差异，城镇化水平不同，导致各地方政府教育经费投入差异较大。西部欠发达地区由于经济发展水平较低，地方政府教育经费投入有限，很多农村中小学校的财政教育经费仅能维持基本的教学运转，无法为教育信息化建设进行更多的投入，教育信息资源开发特别是校本资源开发投入更少。

西部欠发达地区的教育信息基础设施主要通过专项基金（项目）和社会力量来实施，不仅经费投入少，而且缺少可持续性。如通过"薄改项目"或者借助地方电信、移动公司等社会力量，投资建设"三通两平台"等信息基础设施，虽然在一定程度上改善了欠发达地区的教育信息化状况，但离国家教育信息化发展规划的要求与信息化教学的实际需要还有不小差距。怒江傈僳族自治州自2011年起实施"薄改项目"，截至2015年共投入设备和图书资料配置费2851.27万元，其中为中小学配备电子白板、教学实验仪器、多媒体远程教学设备的经费仅为323.55万元，只占设备和图书资料配置费的11.3%。而自"薄改项目"实施以来，昆明市通过教育预算和"薄改项目"共投入信息化建设费用就达12.9亿元，无论是经费投入的总数还是人均经费投入水平都远远高于怒江傈僳族自治州。对欠发达地区教育信息化投入少，信息基础设施建设落后，无法形成良好的资源使用、共享环境，发挥信息资源的效用。

2.师生缺少信息终端

一是还有不少学校没有教学用计算机，越边远的地区没有计算机的学校越多，如还有36%的村小学没有计算机，没有计算机的乡镇中小学、县市中小学、地级市中小学和省会城市中小学比例分别为11.6%、8.9%、5.2%

和 1.77%。二是生机比和师机比较低，如 2016 年楚雄彝族自治州小学和初中计算机生机比分别仅为 20 : 1 和 10 : 1；临沧市小学和初中分别为 14 : 1 和 15 : 1。截至 2017 年年底，虽然怒江傈僳族自治州小学师机比为 8.65 : 1，但小学生机比只有 14.89 : 1。除省会城市昆明外，其他地州市的生机比和师机比都还没有达到《云南省义务教育学校办学基本标准》的要求，且多数地州市中小学 2017 年的生机比低于 2011 年的全国平均水平（13 : 1），至少落后于全国其他地区 6 年。欠发达地区由于缺少信息终端设备，导致是师生不能更好地利用信息资源，发挥信息资源的效用。

3. 互联网接入速度慢

虽然多数中小学校已接入互联网，但很多中小学校的网络使用不方便，没有接入互联网的学校主要分布在偏远的农村地区。没有接入互联网的村小学校占比达 22%，在已接入互联网的学校中，有不少学校的接入网速在 10Mbps 以下。即使在省会城市昆明，在远离市区的郊县农村还有部分小学没有接入宽带网络，拥有网络空间的中小学教师比例也不太高，仅为 52.13%。楚雄彝族自治州初中、城区小学、乡镇中心学校基本已接入网速为 50Mbps 的宽带，但村小学接入的网络带宽速度仅为 10Mbps，或者低于 10Mbps。昭通市虽然所有村完小已全部接入互联网，但全市还有 193 个"一师一校"点和 469 个"非一师一校"点没有接入互联网，只能使用数字光盘教育资源，只有一半的学校开通网络学习空间，但拥有自己网络空间的教师并不多。文山壮族苗族自治州已接入互联网的中小学校占 70% 的，其中 44% 的学校网速仅有或低于 10Mbps。临沧市有 50% 的中小学接入宽带网络，不过网速超过 10Mbps 的学校仅为 36.7%，"班班通"教室不到 10%。怒江傈僳族自治州有 60% 的中小学校接入互联网，不过多数学校的网速低于 10Mbps。接入互联网的速度低阻碍师生进一步使用互联网和教学平台共享资源，致使现有信息资源共享率低。

4. 支撑平台建设不足

总体来看，全省多数学校建有校园网，只有 23.8% 的学校没有校园网，但建有独立门户网站的学校并不多。怒江傈僳族自治州只有 30% 的小学和 70% 的初中建有校园网，但建有独立门户网站的学校寥寥无几；昭通市只有 272 所中小学校建有门户网站，仅占全市学校总数的 9%；临沧市建有门户网站的学校占比仅为 8.2%，迪庆藏族自治州为 15.4%，经济条件较好的玉溪市也只有 25.5% 的学校建有门户网站。全省仅有 58.8% 的中小学建有教学平台，其中，建有教学平台的省会城市中小学比例为 69.1%，而村小学比例仅为 37.5%，不了解的省会城市中小学和村小学教师比例分别为 19.4% 和 16%，越靠近农村，没有教学平台的学校比例越高。如图 4-10 所示，没有教学平台的村小学比例为 46.5%，省会城市中小学比例为 11.5%，没有教学平台的乡（镇）中小学、县（市）中小学和地级市中小学分别为 23.7%、20.7% 和 15.7%，众多学校缺少教学平台阻碍教育信息资源共享。

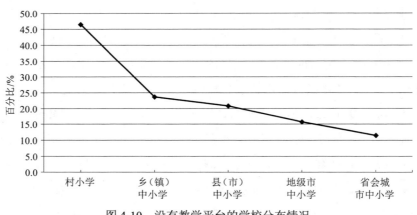

图 4-10　没有教学平台的学校分布情况

5. 多媒体教室建设不足

多数中小学建有多媒体教室，但多媒体教室占全部教室的比例不高，普通教室全部配齐多媒体设备的学校并不多，条件较好的省会城市昆明有 70.22% 的普通教室配备了多媒体教学设备，而条件较差的地州市，只有三分之一的普通教室配置多媒体设备，如临沧市中小学配备多媒体设备的教室占 33%，昭通市仅有 30% 的中小学普通教室配置了多媒体设备。

据抽样统计数据显示，全省还有 7.7% 的中小学没有多媒体教室，没有多媒体教室的中小学主要分布在边远农村地区，如文山壮族苗族自治州没有多媒体教室的村小学比例为 54%，怒江傈僳族自治州为 35.7%，临沧市为 11%。如图 4-11 所示，全省还有 25.1% 的村小学没有多媒体教室，而没有多媒体教室的省会城市中小学比例仅为 1.2%。多媒体教室的缺乏，不仅造成无法实施信息化教学，也给信息资源共享带来困难。

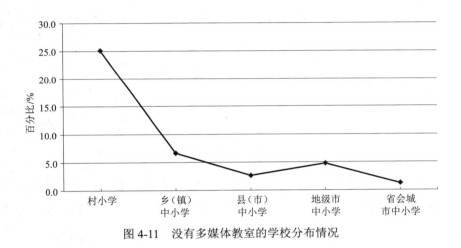

图 4-11 没有多媒体教室的学校分布情况

6. 缺少电子图书馆和网络课程

据调查所知，多数学校还没有建成电子图书室，建有电子图书室的中小学校仅有 24.5%，75.5% 的中小学没有电子图书室，越靠近农村，没有电子图书室的学校比例越高。如图 4-12 所示，仅有 18.5% 的村小学建有电子图书室，即使在省会城市昆明，也只有 47% 的中小学建有电子图书室，而其他建有电子图书室的乡（镇）中小学、县（市）中小学和地级市中小学比例分别为 24%、21% 和 30.6%。多数学校缺少电子图书室使得没有电子终端的师生无法构建使用教育信息资源的情境。

网络课程建设也不理想，多数中小学没有网络课程，建有网络课程的中小学不到 40%，越靠近农村的学校，网络课程越匮乏；即使建有网络课程，大多数学校也主要是购买市场化的网络课程，或依靠公益机构和企业捐赠，而自主开发的学校较少。如图 4-12 所示，建有网络课程的村小学比例仅有 38.4%，省会城市中小学的比例也不高，只有 59.3%。网络课程建设不足，导致学校缺少系统化的学科资源，以及适于本地所需的校本资源。

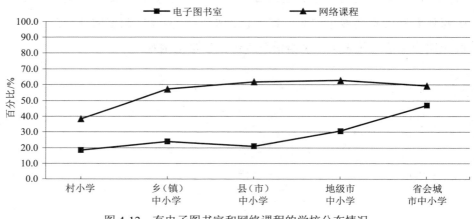

图 4-12　有电子图书室和网络课程的学校分布情况

不只是网络课程建设不足，其他学科资料也较为匮乏。由于缺少投入以及相应的组织机构，除少数几所省会城市的中小学外，几乎没有学校组织教师开发教育信息资源，包括图形、图像、音频、视频、动画等媒体素材，师生所需教育信息资源主要是通过互联网下载或者从资源光盘复制。不仅资源没有特色，也很难适应本地教育教学的需要，通常还需进行二次开发，而师生又缺少相应的技能，这给资源的开发和使用带来困难。

（四）信息技术培训不到位

对于大多数师生来说，信息技术能力不高，需要进行信息技术使用培训的意愿较高，不过由于缺少专业指导教师或专职培训老师，导致技术使用培训不足，信息资源没有得到充分利用。

1. 师生信息技能不高

中小学生的基本信息技术技能有待提高，多数学生不能熟练使用网络和办公软件，且城乡差距较大。从统计数据的结果来看，会使用办公软件的中小学生比例只有43.5%，而能够熟练使用办公软件和网络的中小学生仅为25.8%，48.2%的学生仅会基本操作，还有7.9%的学生不会或者没有使用过办公软件和网络。如图4-13所示，只有22.5%的村小学生会使用办公软件，而能够熟练使用办公软件和网络的村小学生仅为13.2%，接近一半的学生只会基本操作，接近三成的学生不会或没有使用过计算机和网络；会使用办公软件的省会城市中小学生比例为68.5%，而能够熟练使用办公软件和网络的学生比例为45.4%，不会或没有使用过计算机和网络的学生只有3.7%。从图中还可以看出，越靠近农村能够熟练使用网络和办公软件的学生越少，不会或者没有使用过计算机和网络的学生越多，因此，需要进一步强化中小学生的信息技术课程教学，以提高中小学生特别是农村中小学生的信息技术技能。

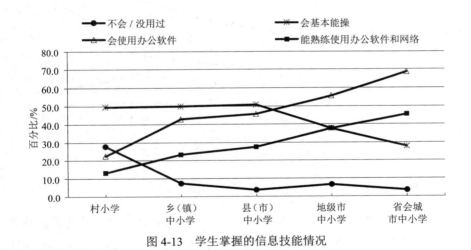

图4-13 学生掌握的信息技能情况

不会使用办公软件和网络的中小学教师虽然不多，但能够熟练使用办公软件和网络的教师比例也不太高，多数教师会使用办公软件，且城乡差距较大。从统计数据的结果来看，会使用办公软件的中小学教师为59.2%，而能练使用办公软件和网络的教师为33.6%，只会基本操作的教师占37.9%，还有2.9%的教师不会使用办公软件和网络。如图4-14所示，会使用办公软件的省会城市中小学教师有88.9%，能够熟练使用办公软件和网络的教师占

74.4%；而能使用办公软件的村小学教师仅为 37.7%，而能够熟练使用办公软件和网络的教师只有 21.8%；能够熟练使用办公软件和网络的乡（镇）中小学、县（市）中小学和地级市中小学教师的比例依次为 25.3%、28.4% 和 36%，说明越靠近农村，熟练使用办公软件和网络的教师越少。仅会基本操作的村小学教师为 50.6%，而省会城市中小教师为 10.5%；11.8% 的村小学教师不会或者没有使用过办公软件，不会或者没有使用过办公软件的省会城市中小学教师仅为 0.6%。因此，需要进一步强化农村中小学教师的信息技术技能培训，以提高其基本信息素养能力。

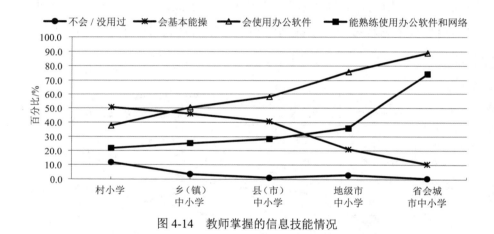

图 4-14 教师掌握的信息技能情况

2. 教师信息技术与课程整合培训意愿强

大多数教师希望学校能开展信息技术与课程整合培训。从年龄层次来看，年龄大的教师更需要信息技术与课程整合培训；从地域来看，城镇中小学教师希望得到培训的意愿比农村高。总体来看，81.2% 的教师需要开展信息技术与课程整合的培训，其中非常需要的教师占 34.8%。由于省会城市中小学教师信息知识面比较广，信息技术在教学中的应用更为充分，更愿意尝试教学改革和使用新技术，接受新的教育理念和思想，重视信息技术与课程整合，改革传统教学方法和模式，提高教育教学效率，因而需要接受培训的教师比例也越高；由于信息基础设施限制和接触的信息资源较少，不能很好地利用信息技术改革传统教育模式，提高农村学生的成绩，因而非常希望得到信息技术与课程整合培训的农村中小学教师比城镇少，意愿最低。如图4-15所示，需要和非常需要信息技术与课程整合培训的农村中小学教师比例之和为73.0%，其中非常需要培训的教师比例仅为27.1%；需要与非常需要开展信息技术与课程整合培训的省会城市中小学教师为82.0%，其中非常需要培训的教师比例为55.8%。

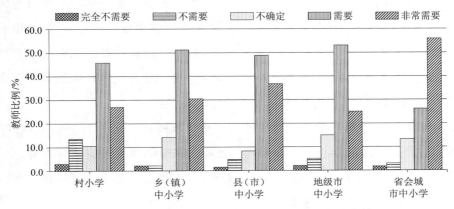

图 4-15 希望获得信息技术与课程整合培训的教师分布情况

3. 信息技术专业指导教师少

目前，多数学校有信息技术课任课教师指导学生使用计算机、网络等信息技术，不过具有专职教师的农村学校少，多为兼职或者非计算机专业毕业的老师。

（1）专业指导教师对掌握信息技术有帮助

近50%的教师认为要掌握有用的信息技术并不容易，认为容易的教师仅为22.8%，不了解的为26.5%，说明多数教师缺乏信息技术技能自学能力，需要在专业指导教师的帮助下，实现信息技术与课程的深度融合，提高教学效率。

77.7%的师生认为有信息技术教师的帮助能更好地使用信息技术。其中，省会城市中小学赞同的师生比例最高，为81.3%，而反对的仅为7.2%。

由于省会城市中小学师生对信息技术有更深入的了解和更为广泛的应用，能够认识到自身在使用信息技术过程中的不足，因此，需要专业教师帮助进一步提高信息技术技能；而农村中小学由于缺少应用信息技术的条件，信息技术在教育教学没有得到广泛应用，以至于对信息技术的需求不是太紧迫，也就不会考虑借助信息技术教师的帮助提高自身信息技能。

（2）缺少专职信息技术教师

71.6% 的学校有教师指导学生获取和使用教育信息资源，其中有专职信息技术教师的学校仅为 35.4%，有兼职教师的学校占 36.2%，16.8% 的学校没有指导教师，不确定的为 12.5%。其中，没有指导教师的村小学占 31.3%，有指导教师的学校为 57.4%，其中有专职信息技术教师的学校仅为 19.6%，有兼职的学校为 37.8%。

多数中小学有教师指导学生使用计算机和网络，其中 57.7% 的学校有专职教师，22% 的学校有兼职教师，还有 15.6% 的学校没有指导教师，而在村小学还有 36.9% 的学校没有指导教师，27.2% 的学校有兼职教师，有专职指导教师的学校仅为 29.3%。

虽然多数学校有教师帮助学生获取和使用信息资源，指导学生使用计算机和网络，不过兼职居多，还有不少学校没有相应的指导教师。因此，需要进一步配齐中小学信息技术教师，特别是要加强农村中小学信息技术教师队伍建设，这是进一步优化信息资源配置，提高信息资源使用效率的必要条件。

4. 信息技术应用培训不足

（1）多数学校没有按要求开设信息技术课

信息技术理论课和实践课课时得不到保障，课时经常被挤占。只有 25% 的中小学能确保每周开设 2 节信息技术理论课，确保每周开设 2 节实践课的学校为 17.6%；确保每周开设 1 节理论课的学校为 28.8%，开设 1 节实践课的学校为 22.1%；不确定和偶尔开设理论课和实践课的中小学分别为 33.6% 和 29.6%；还有 16.2% 的中小学没有开设过信息技术理论课，26.4%

的中小学没有开设过信息技术实践课。其中确保每周能够开设 2 节信息技术理论课的村小学仅为 9.6%，每周开设 1 节理论课的为 20.7%，偶尔开课和不确定的占 27.8%，近一半的中小学校没有开设过信息技术理论课；确保每周能够开设 2 节信息技术实践课的村小学仅有 7.8%，每周开设 1 节实践课的为 13%，偶尔开设和不确定的占 33.1%，没有开设过信息技术实践课的学校占 37.5%。由于不能足额开设信息技术课程，特别是农村中小学不能保障基本的信息技术理论和实践课程时，导致多数学生不具备检索、综合、使用、评价信息资源的素养。

（2）系统性的多媒体技术培训少

针对教师的计算机、网络等多媒体技术使用培训不足。33.4% 的中小学很少对教师进行培训，从来没有培训过的学校占 6.9%，而根据老师的需要随时进行培训的学校仅为 29.1%，每年培训一次的学校占 21.1%。50% 的村小学很少对教师进行培训，没有培训过的学校高达 21%，老师有需要随时进行培训的学校仅有 6.5%，每年培训一次的学校为 19.4%。培训不足不仅影响教师的基本技能，影响教师对信息技术和信息资源的认识，也影响信息资源的使用和配置。

（3）信息技术与课程整合培训不足

对老师进行信息技术与课程整合的培训较少，且城乡差距明显，越靠近农村地区的学校，培训越少，导致老师在课堂教学中无法使用信息技术进行教学模式、方法的变革，提高教学效率。如根据教师的需要随时进行信息技术与课程整合培训的中小学仅有 12.5%，其中省会城市中小学为 17.4%，村小学仅有 4.1%；对老师进行一年一次培训的中小学有 23.8%，其中省会城市中小学为 41.3%，村小学仅有 14.1%；不确定、从来没有培训过和很少培训的中小学占 62.9%，其中从来没有对老师进行过培训的村小学有 26.5%，很少培训的学校为 44.1%。因此，需要进一步强化教师信息技术与课程整合的培训，只有让教师具备信息技术与课程整合的能力，才能提高信息技术和信息资源在教育教学中的使用效率。

（五）资源共享条件受限

调查中发现，虽然多数师生愿意与他人共享信息、交流经验，但由于条件限制，不具备相应的共享通道和条件，因此，在资源配置中，不仅需要关注信息资源的使用和建设，还得重视完善信息共享条件。

1. 师生信息资源共享意愿高

师生都愿意共享教育信息资源，愿意和非常愿意与他人共享教育信息资源的师生比例为 78.8%，其中非常愿意与他人共享教育信息资源的师生占 29.7%，不愿意和完全不愿意与他人共享教育信息资源的师生比例仅为 7.1%。不过师生共享教育信息资源的意愿存在明显的地区差异和群体差异。如图 4-16 所示，在是否愿意与他人共享教育信息资源的调查中，选择同意和非常同意的村小学和省会城市中小学师生比例分别为 74.9% 和 75.8%，差别不大，但选择非常同意的省会城市中小学师生比例为 43.1%，而村小学仅为 25.8%，反对和完全反对的比例分别为 7.6% 和 9.5%，差异不太大，差异较大。

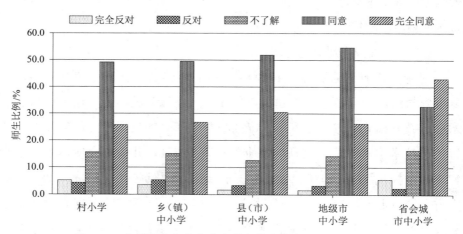

图 4-16　非常愿意与他人共享教育信息资源的师生分布情况

多数师生愿意与他人共享教育信息资源，但老师比学生更愿意与他人共享教育信息资源，如 89.4% 的老师愿意与学生共享自己开发的教育信息资源，而不愿意共享的仅占 1.8%，不了解的为 7.7%。愿意与他人共享教育信息资源的学生比例为72.5%，不愿意与他人共享教育信息资源的比例为14.3%。

愿意与他人共享教育信息资源的农村中小学教师比例接近于城镇中小学，但是非常愿意的农村中小学教师比例远低于省会城市中小学，如省会城市中小学教师非常愿意与学生共享自己开发的教育信息资源的比例为64%，而村小学教师的比例仅为21.8%，说明城镇中小学教师比农村中小学教师更愿意与学生共享自己开发的教育信息资源。

2. 共享通道不畅

只有42.3%的教师经常使用网络和社交媒体与同事或他人交流经验、信息共享，且地区间存在较大差异。如图4-17所示，偶尔使用和经常使用网络和社交媒体进行信息交流与共享的省会城市中小学教师比例为97.1%，其中经常使用的教师比例为84.9%；而偶尔使用和经常使用网络和社交媒体进行信息交流与共享的村小学教师比例只有42.4%，经常使用的教师比例仅为17.1%。经常使用网络和社交媒体进行信息交流与共享的乡（镇）中小学、县（市）中小学、地级市中小学的教师比例分别为34.4%、41.7%和47%，说明越靠近农村，经常使用网络和社交媒体进行信息交流与共享的中小学教师越少，而不使用的教师比例越高，不使用和从不使用的省会城市中小学、

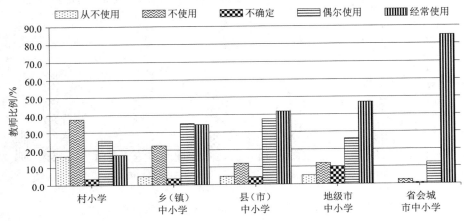

图4-17　教师使用网络和社交媒体进行信息交流与共享的情况

97

地级市中小学、县（市）中小学、乡（镇）中小学和村小学的教师比例分别为 2.3%、17%、16.6%、27.2% 和 54.1%。因此，需要创造条件，进一步鼓励和强化农村中小学教师利用网络和社交媒体进行信息交流与共享，打通信息资源的共享通道。

相比老师，学生使用网络和社交媒体进行信息交流与共享的比例更低。使用校园网、微信等社会性媒体进行学习经验交流和教育信息资源共享的学生较少，仅有 3.6% 的学生经常使用网络和社交媒体进行信息交流与共享，偶尔使用的学生为 7.9%，二者合计只有 11.5%，超过六成的学生不使用校园网和社交媒体进行交流和信息共享，比例为 65%。如图 4-18 所示，即使在省会城市中小学，偶尔使用和经常使用的学生比例也只有 20.6，不使用和从不使用的学生比例为 49.4%；村小学不使用和从不使用的学生比例为 73.8%，经常使用的学生比例几乎为零，偶尔使用的学生比例仅为 4.7%。不使用和从不使用的乡（镇）中小学、县（市）中小学、地级市中小学的学生比例分别为 67.8%、62.5% 和 57.6%，而偶尔使用和经常使用的学生比例分别为 8.7%、13.4% 和 19.1%。因此，为了提高教育信息资源的共享，需要为学生提供使用终端，培训如何使用校园网和社交媒体，解决信息资源共享通道不畅的问题。

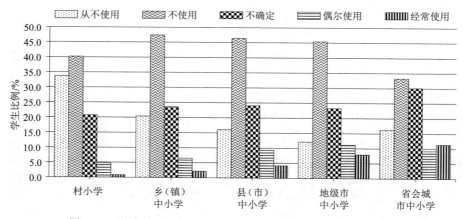

图 4-18　学生使用网络和社交媒体进行信息交流与共享的情况

3. 付费资源限制校外师生使用

目前中小学师生在学校内可以免费获得多数教育信息资源，但老师和学生并不只是在学校使用信息资源，而是在实施教学和学习的任何时间、任何地点。目前，多数学校并未构建 VPN 服务器，当师生不在学校时，只能通过互联网使用付费资源，进而限制资源的使用与共享。

认为和反对信息资源传输需要付费的师生比例基本相同，分别为 33% 和 33.2%，还有 32% 的师生不了解信息资源的传递需要付费，城镇和农村中小学师生的看法基本相同。

由于信息资源利用不够深入，或者主要在学校使用信息资源，有 42.2% 的师生认为目前多数信息资源可以免费获取，认为需要付费才能获取信息资源的师生比例为 25.5%，有近三成的师生没有使用过信息资源或者不了解信息资源是否需要付费。其中，省会城市中小学师生与村小学师生的看法刚好相反，由于农村中小学师生主要使用教育部门提供的免费信息资源，信息检索和使用的范围主要局限于学校提供的免费信息资源，很少上网搜索和从网络下载信息资源，因此，40.4% 师生认为信息资源可以无偿获取，而认为需要付费才能获取的师生比例为 24.5%；省会城市中小学师生的信息资源检索和使用范围分布较广，多数师生认为信息资源的获取是需要付费的，认为可以无偿获取信息资源的师生比例为 29.4%。付费资源限制老师和学生使用资源的热情，以及进行资源的二次开发利用。

因此，虽然师生共享教育信息资源的意愿比较高，但是由于共享通道和付费资源的限制，导致教育信息资源没有得到充分共享，形成孤岛效应。

从以上调查分析结果可以看出，虽然欠发达地区中小学信息基础设施得到了较大改善，信息资源建设也得到进一步完善，不过还存在不少问题，归纳起来主要有：一是由于认识不到位，信息技术和信息资源在基础教育教学中应用的深度和广度还不够，资源没有得到充分利用。二是虽然国家层面的政策、规划比较重视师生信息素养能力的培养和教育信息资源建设，但个别基层部门落实不到位，机构、人员配置不健全，信息技术和信息资源使用培训不到位，导致师生信息素养能力不高，不具备使用信息资源的条件。三是不仅缺少必要信息终端和平台，资源建设标准也不统一，师生的需求和建设不匹配，没有考虑基层师生的实际需要，导致信息资源建设与教育教学实践脱节，导致农村地区缺少必要的信息资源，特别是缺少适合于边远农村地区课堂教学需要的特色资源，"有路无货"的现象较为突出。四是城乡交流、共享条件受限，严重制约着我国优质教育信息资源的共享，阻碍欠发达地区农村师生获得优质教育资源，促进农村基础教育发展。

第五章

教育信息资源配置效率分析

本章从宏观和微观层面分析资源配置效率，宏观层面主要基于区域间面板数据，分析教育信息资源建设的投入与产出关系，识别投入与产出要素对效率的影响；微观层面主要是基于资源主体的主观评价。

一、基于面板数据的资源配置效率分析

构建教育信息资源配置绩效指标体系，通过区域面板数据，使用数据包络 DEA 分析城乡教育信息资源配置效率。

（一）教育信息资源配置绩效指标体系构建

目前，教育信息资源配置绩效指标体系的构建，更多是直接移植信息化水平评估指标体系，从信息社会环境和基础环境指数两个方面进行考虑，指标体系包括信息化基础设施建设水平、信息政策、信息化人力资源等内容，如李源生等的农村信息化评价指标体系，包括硬件、软件和综合评价等指标❶；刘世洪等的6要素25指标评价指标体系❷；崔静等的信息基础设施、信息终端设备和人员等 3 大类 9 指标评价体系等❸。

教育信息资源配置投入不仅涉及基础设施、数字化教学和学习资源，

❶ 李源生，武敏，刘金花 . 我国农村信息化建设评价指标的选用研究 [J]. 农业科技管理，2006，（05）：66-68.

❷ 刘世洪 . 中国农村信息化测度指标体系研究 [J. 图书情报工作，2007, 51（9）：33-36.

❸ 崔静，黄水清，周建农等 . 基于 DEA 方法的我国农村信息资源配置效率评价研究 [J]. 图书情报工作，2012, 56（18）：60-64.

还涉及信息人才的配备、信息技术应用、信息设备和资源管理等，而产出主要体现在人才培养上。借鉴教育资源评价指标体系，本研究中的教育信息资源配置绩效指标体系主要从以下几个方面来进行构建（指标说明和解释如表5-1所示）。投入指标主要涵盖信息硬件资源、数字化教学和学习资源、人力资源、管理和能力培养等维度信息，产出指标主要包括中小学入学率和技术能力水平等信息。

表 5-1　城乡义务教育信息资源配置绩效评估指标体系

类型	一级指标	二级指标	指标解释及说明
信息投入	信息硬件资源	生机比（位/台）	多少位学生使用一台计算机
		师机比（位/台）	多少位老师使用一台计算机
		多媒体教室占比（%）	多媒体教室与教室总数之比
		多媒体网络计算机机房（人/位）	学生总人数与多媒体网络机房位数之比
		有校园网的学校比例（%）	有校园网的学校与学校总数之比
		宽带接入比例（%）	100Mbps以上宽带网络接入学校与学校总数之比
		有信息化建设专项经费投入的学校比例（%）	有专项信息化建设经费投入的学校与学校总数之比
	数字化教学和学习资源	生均电子图书（册/生）	电子图书总册数与学生总数之比
		电子阅览室比例（%）	有电子阅览室的学校与学校总数之比
		校均数字资源（GB/所）	数字资源量与学校总数之比
		教学平台拥有率（%）	拥有教学平台的学校与学校总数之比
		校本信息资源占比（%）	本校教师开发的信息资源量与资源总量之比
		拥有校园网站比例（%）	建有校园网的学校与学校总数之比
		生均信息资源建设投入（元/生）	信息资源建设经费与学生总数之比
	信息人力资源	信息技术生师比（生/师）	学生数与信息技术教师数之比
		班级信息技术专任老师量（班/师）	班级数与信息技术专任老师数之比
		信息技术专任教师占比（%）	信息技术专任教师数与教师总数之比
		高学历信息技术教师占比（%）	具有本科以上学历信息技术教师数与信息技术教师总数之比
	信息能力培养	开设信息技术理论课的学校占比（%）	每周开设2课时信息技术理论课的学校数与学校总数之比

续表

类型	一级指标	二级指标	指标解释及说明
信息投入	信息能力培养	开设信息技术实践课的学校占比(%)	每周开设 2 课时信息技术实践课的学校数与学校总数之比
		多媒体教学课程占比（%）	多媒体课程数与课程总数之比
		教学平台的使用率（%）	使用教学平台的学校数与学校总数之比
		教学空间的使用率（%）	拥有学习空间的教师数与教师总数之比
		学习空间的使用率（%）	拥有学习空间的学生数与学生总数之比
	信息资源管理	有专门管理机构的学校占比（%）	有信息中心或电教室（专门信息化管理机构）的学校数与学校总数之比
		有专门管理人员的学校占比（%）	有专职信息技术（教育技术）管理人员的学校数与学校总数之比
		制度健全率（%）	有信息化建设与信息共享规章制度的学校数与学校总数之比
		激励保障（%）	有信息资源开发激励机制的学校数与总数之比
产出	升学率	初中升学率（%）	升入高中的学生数与初中毕业生总数之比
		高中升学率（%）	升入高等院校的学生数与高中毕业生总数之比
	能力水平	初中以上在校生人数（生／万人）	初中以上在校生人数与总人数之比
		受教育水平（年）	人均受教育年限

（二）数据来源及模型

1. 数据来源及处理

通过 2011—2018 年《云南统计年鉴》《云南调查年鉴》、16 个地州市教育发展统计报告、抽样调查收集以及整理相关指标数据，对于部分地州市某些指标数据无法收集的问题，在不影响总体结果的情况下进行技术处理，保证结果的真实性。

为避免指标单位不同带来差异和计算结果的不准确性，首先对指标原始数据进行归一化处理，得到标准化数据，然后通过层次分析法对标准化指标数据进行降维，求取特征值，再利用特征值求出指标权重，根据权重值计算出教育信息资源配置投入与产出的综合指数值，最后利用数据包络模型分析教育信息资源配置效率。

2. 效率分析模型

人们在实践活动和工作中，都会去思考活动和工作本身产生的效率，以便获得最大化的收益。虽然有许多效率评价模型，但人们常用数据包络分析 DEA（Data Envelopment Analysis）[1] 模型对投入决策单元的效率进行分析、观察，通过分析投入与产出的数值来估计决策单元投入与产出数据包络面有效部分的构成，以对不同机构、不同部门之间的绩效进行评价。

常用的 DEA 模型有生产技术不变规模报酬（CRS）模型 C^2R 和可变规模报酬（VRS）模型 BC^2 两种。C^2R 主要是通过决策单元的总体效率评价地区规模整体收益，判断相对管理效率。BC^2 是通过综合效率、技术效率和规模效率的值来判断地区规模整体收益，进而判断相对管理效率。本研究采用 BC^2 对城乡义务教育信息资源配置绩效进行考察。

假设 DMU_i（$i=1, 2, \cdots, n$）决策单元中每个决策单元有 k 种投入，m 种产出，用 X 表示投入，Y 表示产出，SA 为投入松弛变量，SB 为产出松弛变量，θ_c 为综合效率，θ_v 为技术效率，θ_s 为规模效率，则 BC^2 模型可表示为

$$\text{Min}[\theta_v - \varepsilon(e_1^T SA + e_2^T SB)]$$

$$\text{s.t.} \begin{cases} \sum_{i=1}^{n} \lambda_i X_i + SA = \theta_c X_0 \\ \sum_{i=1}^{n} \lambda_i Y_i + SB = Y_0 \\ \sum_{i=1}^{n} \lambda_i = 1 \\ \lambda_i \geqslant 0, \ i=1,2,\cdots,n, \ SA \geqslant 0, \ SB \geqslant 0 \end{cases}$$

在上述表达式中，在上述表达式中，用 λ_i 的最优值来判断 DMU 的规模收益情况，若 $\sum \lambda_i = 1$ 时，则 θ_s 没有变化；若 $\sum \lambda_i > 1$ 时，则 θ_s 处于递减阶段；若 $\sum \lambda_i < 1$ 时，则 θ_s 处于递增阶段。技术效率 θ_v 反应在投入给定的情况下，决策单元的最大产出，当 $\theta_v = 1$ 时，且 SA=SB=0，表示 DMU 决策单

---

[1] 数据包络分析方法（Data Envelopment Analysis,DEA）是根据多项投入指标和多项产出指标，利用线性规划的方法，对具有可比性的同类型单位进行相对有效性评价的一种数量分析方法。

元有效，信息资源配置相对有效；若仅有 θ_v=1，SA 和 SB 不等于零，表示 DMU 决策单元弱有效；若 θ_v<1，则 DMU 决策单元无效。

（三）效率分析

通过 Deap 软件对云南 16 个地州市教育信息资源配置效率进行分析，结果包括综合效率、技术效率和规模效率。技术效率是不考虑规模效率下的效率，又称纯技术效率，综合效率是考虑规模效率时的技术效率，它反映决策单元（DMU）在给定投入条件下获得的最大产出，规模效率反映决策单元是否在最佳投入下进行运营。

如表 5-2 所示，从技术效率结果来看，在云南省 16 个地级行政单位中，只有曲靖市的技术效率等于 1，且 SA 和 SB 都为 0，说明 DMU 有效，而其余地州市的技术效率小于 1，说明 DMU 决策单元非有效，投入与产出没有达到较好的状态。纯技术配置效率结果呈现出，曲靖市信息资源配置效率最优，投入产出比最高，与现实情况相吻合。在云南 16 个地州市中，曲靖市并不是教育投入最多的地级行政单位，但基础教育和中等教育质量却名列全省前列，如 2019 年全市九年义务教育巩固率为 91.5%，小学入学率为 99.8%，初中入学率为 99.7%，高考上线率达 99.7%，其中一本上线率为 20.4%，远高于全省 13.7% 的平均水平，高分段人数占全省的 22.5%。

从综合效率结果来看，仅有昆明市、曲靖市、昭通市为 1，且冗余为 0，配置有效，投入对产出带来较大收益，而其他为非有效决策单元，投入和产出松弛变量都为 0，表明投入要素对教育信息资源配置能发挥作用，但产出不足以达到 DEA 有效目标值，需要径向移动，通过相应 DEA 有效单元进行投影才能实现相对有效，使其发挥更大的作用，因此，还需进一步优化要素配置，提高产出效率。

表 5-2　基于 DEA 的资源配置效益检验结果

地州市	技术效率	综合效率	规模效率	规模效应报酬	投入产出冗余	非 DEA 单元权数	少数民族人口比例 /%	城镇化率 /%
保山	0.274	0.277	0.990	irs	0.000	0.147	11.24	33.82
楚雄	0.296	0.296	0.999	—	0.000	0.162	35.90	42.26

地州市	技术效率	综合效率	规模效率	规模效应报酬	投入产出冗余	非 DEA 单元权数	少数民族人口比例 /%	城镇化率 /%
大理	0.342	0.344	0.995	drs	0.000	0.388	51.98	43.35
德宏	0.143	0.145	0.986	irs	0.000	0.204	47.76	43.48
迪庆	0.042	0.043	0.971	irs	0.000	0.401	79.00	32.93
红河	0.624	0.633	0.985	irs	0.000	0.212	60.65	44.00
昆明	0.993	1.000	0.993	drs	0.000	1.000	13.73	71.05
丽江	0.158	0.164	0.962	irs	0.000	0.501	66.79	37.72
临沧	0.355	0.370	0.961	irs	0.000	0.508	55.80	38.96
怒江	0.064	0.068	0.945	irs	0.000	0.681	92.20	29.96
普洱	0.254	0.263	0.967	irs	0.000	0.440	64.56	40.66
曲靖	1.000	1.000	1.000	—	0.000	1.000	7.98	45.58
文山	0.398	0.402	0.990	irs	0.000	0.147	57.90	38.97
西双版纳	0.110	0.110	0.996	—	0.000	0.503	65.66	45.20
玉溪	0.246	0.247	0.996	drs	0.000	0.544	31.76	48.91
昭通	0.910	1.000	0.910	irs	0.000	1.000	10.38	31.49

注：怒江为怒江傈僳族自治州，迪庆为迪庆藏族自治州，红河为红河哈尼族彝族自治州，文山为文山壮族苗族自治州，楚雄为楚雄彝族自治州，德宏为德宏傣族景颇族自治州，西双版纳为西双版纳傣族自治州，大理为大理白族自治州。

通常规模报酬总量会随着投入的增加而增加，若规模报酬递减，从投入角度来看，需要考虑较小规模生产单元的投入情况；从产出角度来看，需要考虑规模较大单元的投入情况。当所有生产单元都处于最佳状态时，即规模报酬不变，无论从投入还是从产出角度看都是相同的。从表 5-2 中的统计结果可以看出，楚雄彝族自治州、西双版纳傣族自治州、曲靖市规模报酬不变，看似生产单元处于最佳状态，但楚雄彝族自治州和西双版纳傣族自治州的技术效率和综合效率值都比较低，还有较大提升空间。玉溪市、昆明市、大理白族自治州处于规模报酬递减阶段，需要考虑城乡差距和投入浪费问题，重视优化农村学校信息资源配置，而其余地区处于规模报酬递增阶段，需要考虑优化整体投入，加大本地区信息化和资源建设的投入。

少数民族人口主要聚集地区、农村地区教育信息资源配置效率较低。在少数民族人口占比越大的地区，无论是技术效率还是综合效率都比较低，城镇化率相对较低的地区也类似。如怒江傈僳族自治州、迪庆藏族自治州、西双版纳傣族自治州、普洱市等都是少数民族人口较为集中的地区，也是技术效率、综合效率值最低的地区，教育信息资源配置效率处于较低水平；同时，怒江傈僳族自治州和迪庆藏族自治州也是城镇化率最低的地区，而少数民族人口比率最小的三个地级行政单位昆明市、曲靖市和昭通市是技术效率和综合效率值最高的地区。

通过资源配置的规模效率与城镇化率和少数民族人口所占比例的相关性检验结果可以看出，如表 5-3 所示，规模效率与少数民族人口占比在 0.05 水平下呈负相关关系，少数民族人口越多的地区，规模效率越小；规模效率与城镇化率在 0.01 水平下呈正相关关系，即农村人口越多的地区，规模效率越小，而城镇人口占比越多的地区，规模效率越大。说明少数民族人口聚集地区、农村地区教育信息资源配置没有达到效益最大化，还有较大优化空间。

表 5-3　规模效益和少数民族人口占比、城镇化率相关性检验结果

	少数民族人口占比	城镇化率
规模效应	−0.135*	0.528**

** 在 0.01 级别（双尾），相关性显著；
* 在 0.05 级别（双尾），相关性显著。

从以上统计分析结果可以看出，西部欠发达农村地区义务教育信息资源配置并未达到最优状态。相对落后的地区，需要加大整体投入，重视投入要素的配置；而相对发达的地区，需要重视缩小城乡差距，减小投入浪费问题。

二、信息资源主体对资源配置效率的评价

（一）现有信息资源不能满足需求

1. 信息资源不够丰富，师生满意度低

52.3% 的师生认为现有教育信息资源不够丰富，认为"丰富"的比例仅为 20.5%，"不了解"的占 25.9%，其中 57.9% 的教师认为"不丰富"，认为"丰富"的仅为 17.4%。认为学校提供的学习资源不丰富和不了解的学生比例较高，47.7% 的省会城市中小学生认为学校提供的学习资源丰富，村小学为 37.2%；不过仅有 9.6% 的中小学生认为学校提供的学习资源非常丰富，

认为非常丰富的村小学生比例仅为 5.6%，比例最低。从统计的结果可以看出，多数师生认为教育信息资源不够丰富，认为非常丰富的师生比例较低，说明目前互联网中虽然存在海量的教育信息资源，但缺少适用的信息资源，特别是缺少适用于农村中小学师生教学和学习需要的校本资源。

对目前学校建设的信息资源感到满意的师生仅为 53%，非常满意的师生只有 12.7%，不满意的为 19.4%，由于较少使用，还有 25.5% 的师生不了解资源建设情况，其中农村中小学师生的满意度远低于城镇中小学，教师的满意度高于学生。56.9% 的省会城市中小学师生对学校建设的信息资源感到满意，而感到满意的村小学师生仅有 38.5%；大多数省会城市中小学教师对现有信息资源感到满意，比例为 71.5%，而感到满意的学生只有 47.1%；44.7% 的农村中小学教师感到满意，感到满意的农村中小学生比例仅为 34.4%；5.2% 的省会城市中小学教师感到不满意，而感到不满意的农村中小学教师为 29.4%。说明农村中小学校教育信息资源建设严重不足。

从以上分析结果来看，现有教育信息资源建设还不够丰富，并且资源的检索、管理与推介缺少智能化和系统化，教育信息资源与其他信息混杂在一起，海量数字资源容易引起信息超载，导致师生认知负荷和信息导航迷茫，进而影响资源的体验和使用。

2. 师生急需资源存在共享限制

在所需学习资源的调查中，城乡中小学生所需学习资源基本相同，不过侧重点有差异。按权重计算后的结果显示，学生所需学习资源主要是数字化的学习素材、测试题库/试题、学习工具和软件、专题学习网站和电子图书，而教师授课录像和教学案例居于次要位置。如图 5-1 所示，横向来看，城乡中小学有差异，城市中小学更偏向于开放式、扩展性的资源，而农村中小学生更偏于训练、强化练习类的资源，除城乡中小学生都关注测试题库/试题外，省会城市中小学生关注的资源依次分别为专题学习网站、工具软件、学习素材、电子图书、教师授课视频等，而村小学生关注的资源分别为学习素材、工具软件、教学课件、教学案例和电子图书；纵向比较，城乡中小学生的需求差异不大，如需要的资源主要是加强练习、提高学业成绩的试题等，如省会城市中小学生最需要的资源是测试题库/试题，村小学生最需要的资源也是测试题库/试题。

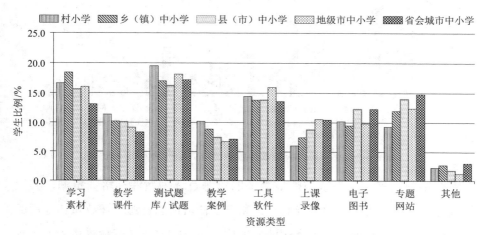

图 5-1　不同地区类型中小学生学习所需信息资源分布情况

教学中，教师最需要的教育信息资源为课件，分别有 66.3% 和 55.9% 的省会城市和村小学教师把课件排在急需教育信息资源的第一位，其次是电子教案。按权重计算的结果显示，34.7% 的教师认为课件是最需要的教育信息资源，其次是电子教案，占 20.2%，专题学习网站占 9.5%，名师案例和多媒体素材占 8.9%，题库试卷占 7.9%，以及电子图书、微课微视频、网络课程和仿真实验软件。如图 5-2 所示，纵向来看，城乡中小学教师需求基本相同，都是提高教学技能和丰富教学内容的资源，如城市中小学和村小学教师最需要的教育信息资源主要是课件、电子教案。横向来看，城乡中小学教师都需要课件和电子教案提高教学技能，二者的比例都超过 20%，对于其他教育信息资源的需求存在差异，较发达的城市中小学教师更关注增强自身教学技能和提高学生成绩的资源，如省会城市中小学教师所需名师案例占 12.65%，电子图书占 11.19%，题库试卷占 8.8%；欠发达的农村地区教师更关注扩展知识面的资源，如村小学教师所需专题网站占 13.87%，电子图书占 6.93%，微课微视频占 6.38%。

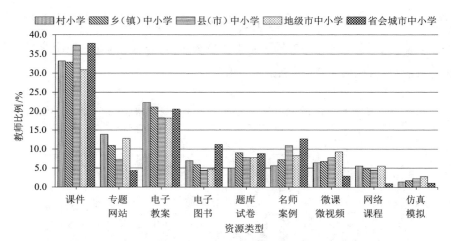

图 5-2　不同地区类型教师教学所需信息资源分布情况

在学科发展中，多数教师最需要的资源首选为新课标培训资源，其次是教育技术能力培训、学科专业知识和班主任培训的资源，按权重计算后的结果显示，需要新课标培训资源的教师比例占 23.7%，需要教育技术能力培训资源的占 18.7%，需要学科专业知识的占 16.1%，需要班主任培训资源的占 13.5%，需要教学策略和教学方法学习资源的占 11.7%，而校园网数字图书馆、网络教学平台等使用培训的资源居于次要位置，如图 5-3 所示。纵向来看，省会城市中小学教师需要的教育信息资源主要是新课标培训、学科专

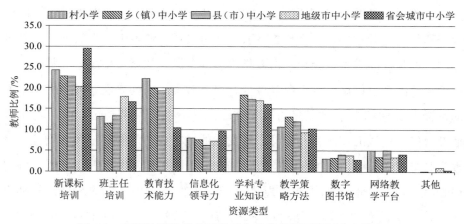

图 5-3　不同地区类型教师学科专业发展所需资源分布情况

业知识、班主任培训等资源，村小学教师需要的资源主要是新课标培训、教育技术能力培训、学科专业知识、班主任培训、教学策略和教学方法等资源。横向来看，除新课标资源为外，村小学教师需要的资源主要是教育技术能力、学科专业知识、教学策略和方法等资源，省会城市中小学教师需要的资源主要是班主任培训和信息化领导能力资源。

从以上抽样统计结果分析可以看出，城乡间师生对教育信息资源的需求存在差异，不同地区的师生对教育信息资源的需求不同，根据教学、学习和学科专业发展的需要，教师和学生对教育信息资源的关注和需求也不同，如教师最需要的资源是课件和电子教案，以及新课标培训和信息技术能力培训资源，城镇学生首选专题学习网站和老师授课视频，农村学生首选老师课件、教学案例和电子图书等。虽然互联网中有不少上述资源，不过存在检索和下载困难，如百度文库，很多资源下载都需要满足会员条件或者支付一定的费用，因为这些资源基本都是一线任课教师自行开发，存在使用版权问题，在学校没有统一购买相关资源的情况下，限制了师生的使用与共享。另外，目前互联网中缺少系统性的新课标、教育技术能力、班主任培训等资源，进一步限制教师专业能力提升。

3. 现有教育信息资源适用度不高

虽然有 68.9% 的学生认为老师或图书室提供的信息资源对学习有帮助，认为没有帮助的学生只有 11%，但认为非常有帮助的学生也只有 22.8%，不了解的学生为 18.5%，其中农村小学生认为没有帮助的比例为 13.4%，比城镇中小学生高，而认为非常有帮助的为 20.3%，比城镇中小学低。

现有教育信息资源没有完全发挥作用的主要原因是信息资源获取不便，以及资源不能满足教学和学习需要。43.8% 的教师认为由于信息基础建设不完善，导致资源获取不便，共享率不高；15.3% 的教师认为现有信息资源不适用，与教学脱节；13.3% 的教师认为没有掌握信息资源检索和获取的方法，找不到合适的资源；12.2% 的教师认为由于自身缺少信息资源整合技术，不知道如何使用信息资源。只有 42.8% 的中小学师生认为现有信息资源能满足教学和学习需要，其中认为完全满足需要的师生仅为 11%，而不赞同的比例为 24.6%，不了解的占 31.3%。如图 5-4 所示，在认为现有教育信息资源能完全满足教学和学习需要的调查中，省会城市和村小学师生"反对"和"完全反对"的比例都接近 30%；而完全同意的比例不到 10%；同意和完全同意的村小学师生比例为 27.5%，其他地区中小学师生比例都不到 50%；不了解的村小学师生比例为 43.5%，其他地区中小学师生比例为 30% 左右。以上统计数据说明，一是教学和学习中充分利用教育信息资源的师生少，且越靠近农村，对教育信息资源使用的师生越少；二是现有教育信息资源适合师生教学和学习的需要资源少，或者现有教育信息资源的开发没有考虑师生的实际需要，造成供需失衡。

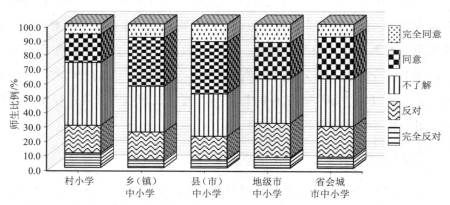

图 5-4　认为现有教育信息资源能完全满足教学和学习需要的师生分布情况

4. 付费资源并未凸显其价值

统计结果显示，赞同使用教育信息资源应该付费的师生比例为 37.9%，反对的比例为 30.2%，不了解的比例为 30%。城乡中小学师生的看法存在差异，其中农村中小学师生更希望使用免费的教育信息资源，如赞同使用教育信息资源需要付费的村小学师生比例为 26.7%，而省会城市中小学师生的比例为 40.6%，赞同使用教育信息资源不需要付费的村小学师生比例为 36.5%，而省会城市中小学为 19.8%。

认为付费的教育信息资源更有用的师生比例比反对的少，35.6% 的师生认为付费教育信息资源更有用，而反对的比例为 38.1%，不了解的占 24.6%，其中认为付费教育信息资源更有用的城镇中小学师生比例与农村中小学基本相同，不过不了解的农村中小学师生比例略高于城镇中小学师生。

超过 80% 的师生倾向于使用免费的信息资源，仅有 5.5% 的师生愿意使用付费的资源。因此，虽然多数师生赞同使用教育信息资源应该付费，但师生更愿意使用免费的教育信息资源，付费的教育信息资源并没有凸显其应有的价值，其效用并不比免费资源大。

5. 信息资源管理满意度低

管理信息资源是为了更好地使用，最大限度地发挥教育信息资源在教育教学和学习中的作用，改进教学模式和方法，提高教学质量。然而，目前教育信息资源的管理并不能满足师生教学和学习的需要，统计结果显示，对学校的教育信息资源管理感到满意和非常满意的师生只有 49.4%，其中非常满意的师生仅为 11.6%，不满意的师生为 20.7%，不了解的占 28.8%。横向来看，农村中小学师生的不满意度远远高于城镇。如图 5-5 所示，在对现有教育信息资源管理是否感到非常满意的调查中，同意和完全同意的村小学师生比例仅有 39.1%，其中完全同意的仅为 6.6%；反对和完全反对的师生比例为 30.2%，其中完全反对的占 9%。而同意和完全同意的省会城市中小学

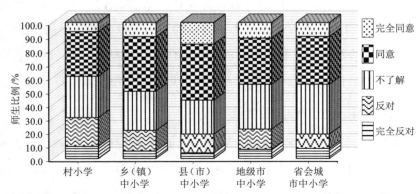

图 5-5　对现有教育信息资源管理感到非常满意的师生分布情况

师生比例为 44.9%，其中完全同意的为 10%；反对和完全反对的师生比例为 18.2%，其中完全反对的比例为 7.3%。由于不少师生没有使用过教育信息资源，无论城镇还是农村，不了解教育信息资源管理情况的师生不在少数。因此，城乡中小学教育信息资源的管理水平都有待提高，不过更需要提高农村中小学教育信息资源的管理水平，以方便师生使用。

（二）学校信息化发展不能满足需求

教育信息化投入和建设状况不理想，师生满意度低，城乡差异较大。

1. 信息化投入和现状满意度低

虽然有 57.3% 的教师对教育信息建设投入感到满意，不过非常满意的教师只有 12.4%，而不满意的教师为 14.8%，不了解的占 27.1%。其中，农村中小学教师的满意度比城镇中小学低，如只有 46.5% 的村小学教师感到满意，不满意的占 24.1%，不了解的占 28.8%；感到满意的省会城市中小学教师比例为 72.7%，不满意的仅有 5.2%，不了解的占 20.4%。说明农村教育信息化建设的投入严重不足。

有 55.5% 的教师对学校信息化建设状况感到满意，但感到非常满意的教师不到 10%，不满意的占 16%，不了解的为 27.7%。农村中小学教师的满意度远低于城镇中小学，有 41.2% 的村小学教师对学校教育信息化建设状况感到满意，其中非常满意的教师仅为 4.1%，不满意的占 27.7%；而省会城市中小学感到满意的教师比例为 74.4% 的，不满意的教师仅为 5.2%。因此，需要进一步加大对农村中小学教育信息化建设的投入，进一步改善农村中小学教育信息化环境，为信息化教学和促进资源利用创造条件。

2. 信息基础设施建设满意度低

在对现有信息基础设施建设非常完善的调查中，59.7% 的师生认为现有信息基础设施建设完善、获取资源方便，城乡师生的看法基本相同，其中认为完善的教师比例为 75.4%，远高于学生，认为非常完善的师生比例只有

16.4%；不了解建设情况的师生比例为 23.5%，其中学生不了解情况的比例
远高于教师；14.8% 的师生认为建设不够完善，认为建设不够完善的农村中
小学师生比例高于城镇中小学，如图 5-6 所示，反对和完全反对现有信息基
础设施建设非常完善的村小学师生比例为 17.3%，而省会城市中小学师生比
例为 13.9%。

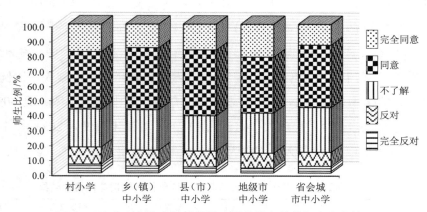

图 5-6　认为现有信息基础设施建设非常完善的师生分布情况

在信息基础设施建设中，只有 46.2% 的学生对学校网络建设感到满意，
不满意的学生为 25.9%，不了解情况的学生有 26.2%，农村中小学生不满意
度高于城镇，如感到满意的村小学生仅为 31.4%，不满意的为 36.4%，不了
解的占 28.4%；感到满意的省会城市中小学生为 45%，不满意的为 27.1%，
不了解的占 27.1%。

因此，无论从教师还是学生的看法都可以得知，农村信息基础设施建
设比城镇落后，为提高农村信息资源的利用率，需要进一步完善其信息基础
设施。

3. 城乡信息化非均衡发展

通过对 2010 年至 2016 年云南 16 个地州市的城镇化率、城镇居民计算
机拥有率、农村居民计算机拥有率、互联网普及率、通宽带网络自然村、少
数民族人口比例的相关性检验，结果如表 5-4 所示，少数民族人口比率与城

镇化率呈显著性负相关关系，而与互联网普及率、农村居民计算机拥有率和通宽带网络自然村比例呈负相关性，但相关性不显著。城镇居民计算机拥有率、农村居民计算机拥有率、互联网普及率、通宽带网络自然村比例与城镇化率呈显著性正相关关系，城镇化率越高的地区，教育水平越高，信息化越发达，信息基础设施建设越完善；越靠近农村地区，城镇化率越低，教育水平越低，信息化发展越落后，信息基础设施建设越匮乏。如2016年昆明市城镇化率为69.5%，少数民族人口比例为12.9%，高中毛入学率为92.5%；丽江市少数民族人口比例为66.8%，小学生机比为24.7：1，中学生机比为15.7：1，高中毛入学率不到60%；迪庆藏族自治州少数民族人口比例为79%，城镇化率为29.4%，小学生机比为21：1，高中毛入学率不到50%；怒江傈僳族自治州少数民族人口比例为92.2%，城镇化率仅为26.6%，小学生机比为25：1，高中毛入学率仅为46.2%，只有昆明市的一半。

表5-4　城镇化率、少数民族人口与部分信息化指标相关性检验结果

指标	城镇化率	城镇居民计算机拥有率	农村居民计算机拥有率	互联网普及率	通宽带网络自然村	少数民族人口比例
城镇化率	1.00	0.601**	0.687**	0.718**	0.691**	−0.347**
城镇居民计算机拥有率	0.601**	1.00	0.763**	0.577**	0.717**	−0.226*
农村居民计算机拥有率	0.687**	0.763**	1.00	0.674**	0.707**	−0.09
互联网普及率	0.718**	0.577**	0.674**	1.00	0.796**	−0.16
通宽带网络自然村	0.691**	0.717**	0.707**	0.796**	1.00	−0.18
少数民族人口比例	−0.347**	−0.226*	−0.09	−0.16	−0.18	1.00

** 在0.01级别（双尾），相关性显著；

* 在0.05级别（双尾），相关性显著。

从以上分析结果可以看出，城乡信息化发展极度不均衡，越靠近省会城市，城镇化率越高，信息基础设施建设越完善，信息资源丰富，共享渠道越通畅，教育质量越高；越靠近农村地区，城镇化率越低，信息基础设施建设越落后，信息资源越匮乏，共享渠道越迟滞，教育质量越低。因此，需进一步强化农村信息基础设施建设，缩小城乡差距，促进信息资源共享。

（三）信息资源和设备利用率低

迪庆藏族自治州州府香格里拉市三中初中老师李晓河使用教学资源库后有很深的体会，他认为资源库给老师带来很大帮助，课前备课时可以从资源库下载其他老师的优秀课件，然后根据自己上课的实际需要进行修改，并上传到资源库个人模块下，上课时在教室直接下载使用，平时还可以利用资源库中的海量习题轻松组卷，不仅省时省力，还能保障试卷的规范性和质量。不过在香格里拉市和迪庆藏族自治州其他地区，像李老师一样经常使用教育资源库的老师实在太少。

由于教师缺少相应的信息技术技能以及学校缺少促进资源使用的激励机制，加之资源库中缺少合适的信息资源，导致现有信息资源和信息设备使用率过低，没有发挥其应有的作用，如迪庆藏族自治州"教学资源库"建设已基本覆盖中小学目前使用的几种主要教材及教辅资源，资源内容主要集中在教学课件、习题和题库、电子教案、教学视频等信息资料。多数资源的开发仅从技术角度出发，实现纸质资源的数字化，并没有考虑教学和学习的实际需求，进行资源的二次开发，信息资源在教学中的应用只是改变资料的呈现方式，学生的学习思维模式、学习方式以及教师的教学方法和模式并未得到实质改变，难以促进自主学习和终身学习理念的形成。对于信息资源、信息设备的使用与共享主要存在以下问题。

1. 多媒体信息设备设施使用率低

（1）使用移动设备上网以及辅助教学和学习的师生不多

很多农村中小学师生不仅没有移动或手持式设备，通过移动设备上网的师生比例也不高。有近30%的师生没有移动或手持式设备，越靠近农村地区没有移动设备或手持式设备的师生越多，其中没有移动或手持式设备的省会城市中小学师生比例为13.1%，而村小学没有移动或手持式设备的师生比例为46.9%。经常使用移动设备上网的师生为30.4%，其中省会城市中小学师生为63.7%（其中教师比例为80.2%，学生比例为38.9%），村小学师生仅为16.3%（其中教师比例为19.4%，学生比例为11.5%）；不经常上网的师生比例为 26.9%，其中省会城市中小学师生为 18.9%（其中教师比例为 9.3%，学生比例为 22.2%），村小学师生为 20.3%（其中教师比例为 20.6%，学生比例为 19.9%）；11.1% 的师生有设备但从不上网，其中省会城市中小学师生为 4.4%，而村小学师生为 16.4%。乡（镇）中小学、县（市）中小学和地级市中小学师生比例介于省会城市中小学和村小学师生之间。

师生缺少移动教学和学习设备，或者使用率不高，多数设备并未用于教学和学习活动，从调查的而结果来看，没有和从不使用移动设备的师生比例为 20.3%，经常使用移动设备辅助教学和学习活动的师生比例仅为 24.2%，越靠近农村，没有移动设备的师生越多，经常使用移动设备辅助教学和学习的师生越少；越靠近省会城市，没有移动设备的师生越少，经常使用移动设备辅助教学和学习的师生越多。如图 5-7 所示，经常使用移动设备辅助教学和学习活动的省会城市中小学师生比例为 47.3%，而村小学师生比例为 12.7%；没有设备和从不使用的省会城市中小学师生比例为 20.5%，其中 13.1% 的师生没有设备，而没有设备和从不使用的村小学师生比例为 67.3%，其中 46.9% 的师生没有设备。

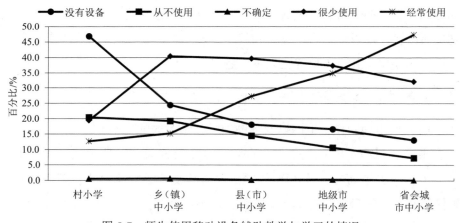

图 5-7　师生使用移动设备辅助教学与学习的情况

经常使用移动设备辅助教学的教师比例只有 30.0%，其中省会城市中小学教师为 64.0%，村小学教师仅为 14.7%；44.8% 的教师很少使用，其中省会城市中小学教师为 30.2%，村小学教师为 49.4%；15.2% 的教师从不使用和没有设备，其中省会城市中小学教师为 5.8%，村小学教师为 35.9%。

经常使用移动设备辅助学习的学生比例仅有 15.4%，其中省会城市中小学生为 22.3%，村小学生为 9.6%；27.8% 的学生很少使用；49.9% 的中小学生没有设备和从不使用移动设备辅助学习，其中村小学生比例高达 75.1%。

农村中小学师生使用移动设备辅助教学和学习中存在的最大问题是没有相应的设备或者设备使用不方便，因此，要促进移动设备在教育教学和学习中的应用，需要补齐设备这一短板。

（2）网络和教学平台利用率不高

在所有中小学中，经常使用互联网的学校仅占 37.6%，30.1% 的中小学使用不方便。越接近农村，缺少互联网和互联网使用不方便的中小学越多，如图 5-8 所示，经常使用互联网的村小学比例不到 20%，没有和使用不方便的比例合计为 56.3%，而省会城市没有互联网和互联网使用不方便的中小学合计仅为 9.2%，乡（镇）中小学、县（市）中小学和地级市中小学的比例分别为 27.3%、19.6% 和 19.6%。

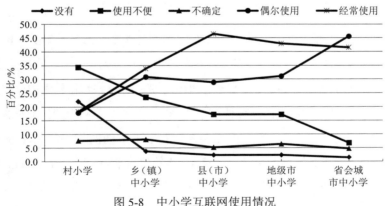

图 5-8　中小学互联网使用情况

绝大多数中小学校园网使用率不高，仅有 19.8% 的中小学在教学中经常使用校园网，使用不便和偶尔使用的学校占大多数，不少学校还没有校园网，越靠近农村，没有校园网的学校越多。如图 5-9 所示，即使是省会城市中小学校也只有 29.1% 的校园网常用于教学，偶尔在教学中使用的比例占 55.8%；而仅有 2.9% 的村小学校园网常用于教学，使用不方便的学校占 42.9%，没有校园网和使用不方便的村小学占 88.8%，其中没有校园网的学校为 45.9%；没有校园网的乡（镇）中小学、县（市）中小学、地级市中小学、省会城市中小学的比例分别为 28.4%、19.4%、16% 和 2.9%。因此，不仅需要进一步完善农村中小学校园网建设，还需进一步提高现有校园网的使用效率。

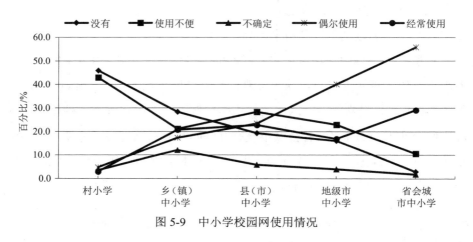

图 5-9　中小学校园网使用情况

教学平台是信息资源存储、管理和使用的载体，虽然有超过 50% 的中小学建设有教学平台，不过使用率不高，很多中小学的教学平台很少使用或使用不方便，越靠近农村没有教学平台和教学平台使用不便的学校越多。从统计结果来看，教学中经常使用教学平台的中小学师生仅为 26.2%，偶尔使用教学平台的中小学师生占 20.4%，使用不方便的中小学占 12.1%。如图 5-10 所示，经常使用教学平台的村小学师生仅有 7.9%，省会城市中小学为 26.4%；偶尔使用教学平台的村小学师生为 10.4%，省会城市中小学为 37.8%；使用不便的村小学为 18.9%，省会城市中小学为 4.4%。没有教学平台和使用不便的村小、城（镇）中小学、县（市）中小学、地级市中小学和省会城市中小学比例分别为 65.4%、36.8%、25.0% 和 16.0%，偶尔和经常使用的比例分别为 18.3%、41.2%、53.8% 和 64.3%，城乡差异明显，因此，不仅需要加强农村中小学教学平台的建设，还应该进一步提高师生的使用技能和应用水平。

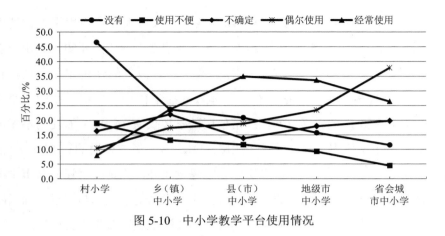

图 5-10　中小学教学平台使用情况

在学习中碰到问题时，仅有 8.1% 的学生会经常通过网络查找答案，有时使用的学生比例为 31%，很少使用的为 33.6%，还有 20.8% 的学生从来不使用网络，并且城乡差别较大。其中 40.2% 的村小学生从来不使用网络查找答案，经常使用的仅有 3.3%，有时使用的占 17.5%，二者之和只有 20.8%；从来不使用网络查找答案的省会城市中小学生只有 13.1%，经常使用的为 12.2%，有时使用的占 35.4%，二者之和也不到 50%。

在教学中碰到问题时，有 48.5% 的教师经常使用网络查找答案，有时使用的教师为 29.7%，二者合计占 78.1%，仅有 4.3% 的教师从来不使用网络查找答案，偶尔使用的占 15.17%，其中经常使用网络查找答案的村小学教师仅为 25.3%，有时使用的占 38.2%，二者合计才占 63.5%，而从来不使用的农村中小学教师占 10.6%，偶尔使用的占 25.3%；经常使用网络查找答案的省会城市中小学教师占 61%，有时使用的为 20.9%，二者合计为 81.9%，而从来不用网络查找答案的省会城市中小学教师仅为 4%。

因此，提高信息资源的使用率，需提高网络的使用率，让学生能够拥有网络，特别是需要进一步加强农村中小学网络基础设施建设，以及提高学生的信息检索技能，并引导学生能够利用网络查询相关信息。

（3）多媒体教室和计算机使用率低

由于管理不科学，或者缺少相应的技能，即使建有多媒体教室的学校，多媒体教室的使用率也不太高，统计结果显示，仅有 48.1% 的多媒体教室常用于教学，由于维护和管理不善以及教师个人原因导致使用不方便和偶尔使用的比例分别为16.8%和22.8%，这种现象在农村中小学更为突出，农村中小学不仅缺少多媒体教室，而且多数多媒体教室的使用也不方便，使用率低。如图5-11所示，在建有多媒体教室的学校中，使用不便的村小学占31%，偶尔使用的占22.6%，经常使用的学校仅有16.5%；而使用不便的省会城市中小学仅占9.1%，偶尔使用的占32.7%，经常使用的有53.4%。因此，除进一步加强农村中小学多媒体教室建设而外，无论农村还是城市中小学，都需要进一步提高教师的信息技术技能，推动信息技术与课程的深入融合，提高多媒体教室的使用效率，促进信息资源在教育教学中的应用。

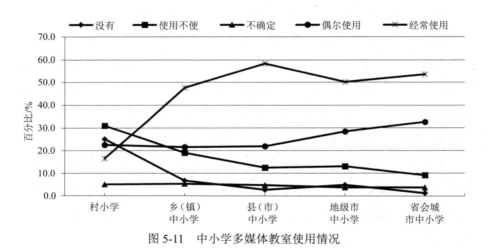

图5-11 中小学多媒体教室使用情况

虽然多数学校建有计算机机房，但由于管理不善、更新不及时等原因导致计算机机房很少使用或使用不方便。虽然只有10.9%的学校没有计算机机房，但建有计算机机房的学校，使用率也不太高，常用于教学的比例只有43.1%，偶尔使用和使用不方便的比例分别为22.7%和17.7%。其中只有14.6%的村小学常用于教学，使用不方便和很少使用的学校分别占24.3%和17.9%，均高于城镇中小学校。没有计算机机房的学校多为农村中小学，如还有36%的村小学没有计算机机房。

如图5-12所示，省会城市中小学没有计算机的教师非常少，仅有1.8%

的教师没有计算机，但是教学中经常使用计算机的教师也只有 50.2%，偶尔使用的占 37.9%。虽然有超过 60% 的村小学教师拥有计算机，但经常使用计算机的教师仅为 14.6%，偶尔使用的教师比例为 17.9%，二者合计为 32.5%；经常使用计算机的乡（镇）中小学、县（市）中小、地级市中小学教师比例分别为 42.5%、53.2% 和 47.8%；没有计算机的村小学教师比例为 36%，使用不便的为 24.3%，二者合计为 60.3%，计算机的作用没有在教学中得以体现。

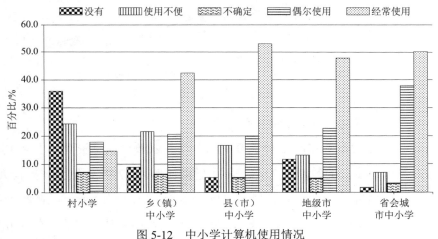

图 5-12　中小学计算机使用情况

2. 信息资源使用效率低

（1）科学性和准确性是影响资源使用的主要因素

66.5% 的教师认为资源内容是否科学和准确是影响信息资源使用的首选因素，其次是资源的交互设计是否灵活有效，占 9.9%。按权重计算后的结果显示，排前四位的影响因素分别为科学和准确、交互灵活有效、媒体运用合理、方便获取，36.8% 的教师认为影响信息资源使用的主要因素是资源内容是否科学和准确，19.1% 的教师认为是资源的交互设计是否灵活有效，12.7% 的教师认为是资源的媒体运用是否合理恰当，12% 的教师认为是资源是否方便获取，而资费是否合理、资源是否支持多种终端等不是影响资源使用的主要因素。如图 5-13 所示，各种学校的教师的看法基本相同。说明目前信息资源的科学性、准确性还有待进一步提高，资源的交互设计和媒体运用还不是太合理，还需进一步提高资源的可获得性。

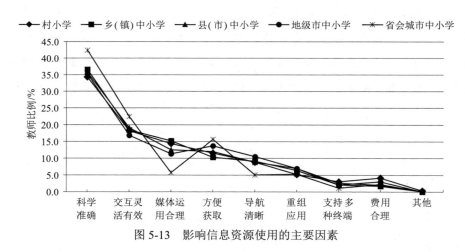

图 5-13　影响信息资源使用的主要因素

（2）获取信息资源的主动性有待提高

有 73.1% 的教师在教学和学习中能主动获取教育信息资源，不会主动获取教育信息资源的教师为 7.9%，不了解的比例为 17.8%，城乡差异较大，城市中小学教师的主动性显著高于农村中小学。如图 5-14 所示，在能否主动获取教育信息资源的调查中，能主动获取和完全能主动获取的省会城市中

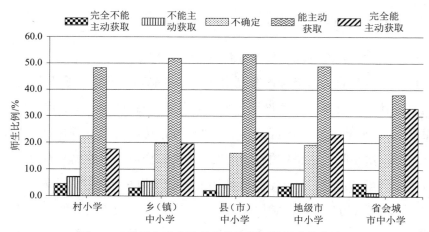

图 5-14　能否主动获取教育信息资源的师生分布情况

小学教师比例为 90.7%，其中完全能主动获取的占 32.9%；而能主动获取的和完全能主动获取的村小学师生只有 76.5%，其中完全能主动获取的仅为 17.5%，其他地区中小学师生的看法介于二者之间。

学生主动获取教育信息资源的比例明显低于教师，67.6% 的学生能主动获取学习资源，而积极主动的中小学生比例仅为 19.4%，其中省会城市中小学生为 21.8%，村小学生仅为 14.3%；不会主动获取学习资源的中小学生比例为 13%，其中省会城市中小学生为 10%，村小学生为 18.1%。虽然有 54.1% 的中小学生会主动从网络上或到电子图书室查找信息资源，但只有 13.9% 的学生能够积极主动地从网络上或到电子图书室查找信息资源，其中村小学生的比例仅有 9.3%；17.2% 的中小学生不会主动从网络上或到电子图书室查找信息资源，其中村小学生的比例为 32.4%。

虽然多数教师和学生都能主动获取教育信息资源，但是积极主动的师生并不太多；农村中小学师生的主动性低于城镇中小学，学生的主动性低于教师。造成获取信息资源主动性不高的原因主要有，一是缺少激励机制，降低教师获取资源的主动性；二是需求不足，师生缺少必要的技能或者不了解信息资源，三是供给不足，现有的信息不能满足师生的需要。因此需要从需求、供给和激励机制等几个方面提高师生获取信息资源的主动性。

（3）不能准确定位信息资源

从信息资源获取渠道来看，城乡中小学师生看法基本无差别，互联网是教育信息资源来源的主要渠道。调查数据显示，从互联网网上检索、下载信息资源的教师比例为 35.5%，从教学资源平台下载信息资源的为 23.6%，从校园网下载信息资源的为 18.4%，从同事处获取信息资源的为 17%，通过其他途径获取信息资源的为 1.1%，自行开发教育信息资源的教师比较少，仅占 4.4%。33.8% 的学生从同学处获得信息资源，从互联网网上检索、下载信息资源的学生为 30.2%，从教学资源平台下载的为 14.1%，从校园网下载的为 11.2%，从学校配置的资源光盘中拷贝的为 4.9%，通过其他途径获取信息资源的占 5.8%。

由于互联网海量信息资源导致信息迷航，给信息资源的检索和使用带来困难。26.4% 的教师认为由于自身技术能力限制，不能快速查找定位教育信息资源；22.2% 的教师认为资源陈旧、更新不及时；认为信息资源的质量得不到保障，难于筛选的占 20%；资源与新课标不匹配的占 14.6%，而资源拆分困难，使用不便、缺少交互和支持服务分别占 8.6%、4.7% 和 2.9%。

由于自身技术能力限制不能快速查找定位信息资源的学生占 33.5%；认为信息资源陈旧、更新不及时、不能满足自身学习需要的学生占 20.2%；认为信息资源与所学课程不匹配、内容不一致的学生占 20.3%；认为即使找到信息资源，由于网络技术水平低，不能下载信息资源的学生占 16.5%，找到信息资源不知道如何使用的学生占 6.5%。

因此，互联网网上的信息资源多为碎片化的知识，缺乏教师开发的与新课标匹配的系统资源，加之教师和学生缺乏相应的信息检索和信息挖掘能力，不能快速、准确定位教育信息资源，进而影响资源的使用。

（4）信息资源利用率低

调查中发现，要求学生课后利用信息资源进行学习的教师占 60.80%，其中省会城市中小学教师比例为 78.50%，村小学教师比例为 47.10%；不过经常要求学生课后利用信息资源进行学习的教师比例仅为 11.20%，其中村小学教师比例为 7.60%；不会要求学生课后利用信息资源进行学习的教师比例为 8.80%，其中村小学教师比例为 14.10%，省会城市中小学教师比例为 3.50%；偶尔要求学生课后利用信息资源进行学习的教师比例为 29.70%，其中村小学教师比例为 38.20%，省会城市中小学教师比例为 15.70%；不确定的教师比例为 29.70%，由于农村中小学教师较少使用教育信息资源的缘故，导致不确定的比例较高，为 38.20%，省会城市中小学教师不确定的比例为 15.70%。缺少老师的有效引导，致使学生没有有效开展基于资源的学习，降低了资源的使用率。

教师通常在备课、课堂授课、个人学习和专业发展中使用教育信息资源，所占比例分别为 42.2%，25.3% 和 17.6%，但在课后评价、组织学生开展自主学习或探索活动中使用教育信息资源的教师不多。学生主要在预习和完成作业过程中使用信息资源，其中预习占 35.9%，复习占 25.6%，但在与同学讨论和自主学习中较少使用信息资源，所占比例分别仅为 11.7% 和 10.8%。

除没有电子图书室或电子阅览室的中小学较多而外，因资源不够丰富、管理不善或者师生缺少相应设备，导致电子阅览室或者电子图书馆的使用率也不高。如图 5-15 所示，经常使用电子阅览室或者电子图书馆的村小学师生比例仅为 2.7%，偶尔使用的为 4.7%，二者合计为 7.4%；经常使用的省会城市中小学师生比例为 12.6%，偶尔使用的为 19.8%，二者合计也只有 32.3%，其他地区中小学师生比例介于二者之间。

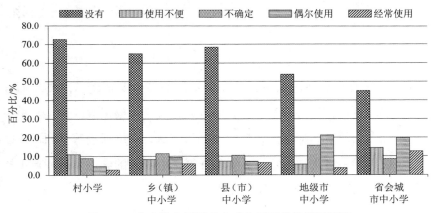

图 5-15　中小学电子图书室或电子图书馆使用情况

总体来看，经常在教学中使用网络课程的中小学比例不高，仅有 24.6% 的中小学教师经常使用网络课程，偶尔使用的比例为 20.9%，使用不方便的中小学占 11.7%，还有 13.8% 的教师不了解学校是否有网络课程。越靠近农村无网络课程的学校比例越高，使用率越低。如图 5-16 所示，经常使用网络课程的省会城市中小教师也只有 21.79%，而经常使用网络课程的村小学比例为 8.7%，偶尔使用的为 10.8%，二者合计为 19.5%。有网络课程的村小学比例仅为 51.4%，省会城市中小学为 79.2%，28.6% 的村小学有网络课程但使用不方便。偶尔使用和经常使用的乡（镇）中小学、县（市）中小学、地级市中小学和省会城市中小学比例分别为 45.8%、50%、51.1% 和 53.9%；使用不便的乡（镇）中小学、县（市）中小学、地级市中小学和省会城市中小学比例分别为 11.2%、11.6%、11.5% 和 4.9%。

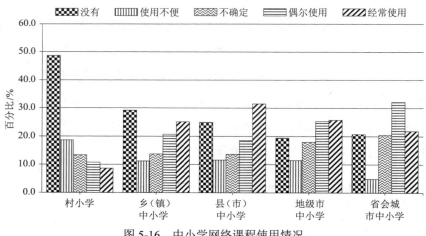

图 5-16 中小学网络课程使用情况

因此，教育信息资源的设计、开发不仅要考虑课堂教学以及教师专业发展的需要，设计开发符合新课标、满足课程教学大纲需求的课件、电子教案、电子图书、教学名师案例、教学策略与方法、网络课程等资源，还需要考虑开发促进学生自主学习，引导学生开展基于资源的学习和进行自主探究的教学和学习活动，提高资源的利用率。

（四）资源共享与开发利用率低

1. 资源共享程度不高

从调查的结果来看，67.7% 的中小学师生认为，目前教育信息资源尚未实现充分共享；赞同和非常赞同信息资源已经实现充分共享的师生比例仅为9.8%，其中非常赞同的比例不到 5.0%；不了解的师生比例为 20.8%。在现有教育信息资源已充分共享的调查中，城乡中小学师生的看法差异不太大。如图 5-17 所示，反对和完全反对现有教育信息资源已充分共享的村小学师生比例合计为 65.0%，省会城市中小学师生比例合计为 71.9%，相差 6.8 个百分点，不了解的省会城市中小学师生稍微少于农村中小学。从以上分析结果来看，无论在农村还是城镇，教育信息资源都没有得到充分共享，地区之间、校际之间形成孤岛效应，降低了信息资源的使用效率和作用。因此，在对信息资源进行更新、完善时，更需要打通信息资源的共享通道，促进信息资源的充分共享。

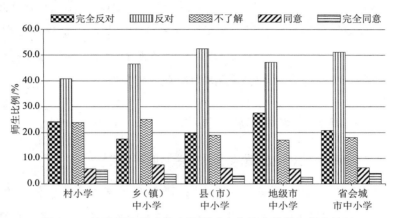

图 5-17　认为现有教育信息资源已充分共享的师生分布情况

2. 信息资源的开发利用程度不高

调查的结果显示，65.6% 的师生认为目前教育信息资源开发利用程度不高，不了解的师生比例为 21.8%，认为资源开发利用程度高的师生比例低，仅为 10.8%，且城乡差异不大。如图 5-18 所示，反对和完全反对现有教育

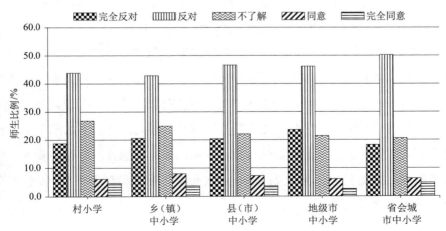

图 5-18　认为现有教育信息资源开发利用程度非常高的师生分布情况

信息资源开发利用程度非常高的村小学师生比例为 62.6%，省会城市中小学师生的比例为 68.4%；不了解的农村中小学师生比例略高于城镇；同意和完全同意教育信息资源开发利用程度非常高的村小学师生比例为 10.8%，省会城市中小学师生比例为 10.9%，看法差异不太大。因此，无论农村还是城市中小学，直接使用现有教育信息资源的师生占大多数，由于缺少处理音频、视频、动画、图形图像、计算机程序等信息资源的能力，师生很少对信息资源进行二次开发利用，信息资源的潜力没有得到开发。

（五）共建共享政策法规不完善

1. 现有政策法规对信息资源建设支持力度不够

支持信息资源建设的现有政策法规不仅不够完善，由于宣传力度不足，使很多师生不了解相关政策法规。仅有 40.2% 的师生认为保障信息资源建设的现有政策法规已较为全面和完善，不过认为非常完善和非常全面的师生比例只有 9.9%，而认为不完善和不全面的比例为 23.0%，超过三成的师生不了解相应的政策法规。其中城市与农村中小学师生的看法稍微有差异，41.0% 的村小学师生认为在保障信息资源建设方面，现有政策法规已较为全面和完善，认为不全面的师生比例为 19.5%，不了解的师生比例为 38.2%；认为全面和完善的省会城市中小学师生比例仅为 27.5%，认为不全面的师生比例为 33.7%，不了解的师生比例为 35.8%，城乡差异小。

义务教育教育具有强制性，教育信息资源的建设也应该具有强制性，它是实现义务教育均衡发展的基础性条件。因此，需要进一步完善相关政策法规，以行政手段或者立法的形式推动教育信息资源建设，行成完善、系统的义务教育信息资源。另外，还需要加强宣传和学习，让更多的师生了解和熟悉相关政策法规，了解资源建设技术规范、信息资源开发建设的要求、激励措施等，鼓励教师对现有资源进行二次开发利用，或者设计、开发校本资源，满足本地需要。

2. 现有政策法规对信息资源共享支持力度不够

48.9% 的师生认为现有政策法规能促进信息资源的共享与传输，不过认为能充分促进信息资源传输与共享的师生占比仅为 10.79%。认为不充分的师生占比为 15.27%，不了解的占比为 33.86%，且农村中小学师生的比例高于城镇，说明很多师生，特别是很多农村中小学师生不了解支持资源共享和传输的相关政策法规。因此，需要制定更为完善的政策法规，通过机制和法规，鼓励师生共享信息资源，进一步发挥信息资源的效用。

通过以上数据统计与抽样数据分析可以看出，西部欠发达地区城乡义务教育信息资源配置主要存在以下问题：①信息化建设投入不足，导致信息基础设施建设落后，限制教育信息资源的传递与共享；同时，在有限的资金投入情况下，存在重视硬件设施建设，轻视软件开发，特别是适合西部欠发达地区师生需求的校本资源开发严重不足。②一方面，优质教育信息资源严重匮乏；另一方面，现有教育信息资源并没有发挥作用，资源匮乏与资源浪费并存。③师生信息技术能力偏低，导致教育信息资源开发利用滞后，信息资源开发针对性不强，适合个性化学习、满足城乡学生差异需求的资源少。④收费信息资源的质量有待提高，现有付费资源没有体现其价值，师生对付费资源的使用积极性不高，限制企业进一步设计和开发高质量的信息资源。⑤信息资源共建共享的激励机制、体制不健全，政策法规不够完善，阻碍信息资源的开发、传递与共享，信息资源处于初级应用，二次开发、创新应用不足。⑥信息资源配置效率低，巨大的投入没有获得相应的产出，且农村地区资源配置问题更突出。

第六章

国外主要国家和地区教育
信息资源配置经验及启示

欧盟、美国、日本、韩国等经济发达的地区和国家是教育信息化发展和教育信息资源开发与应用最为先进的代表，通过对他们教育信息化进程和教育信息资源配置状况的描述，总结其在教育信息资源的开发与应用、教育信息化发展规划、互联网与教育融合、信息技术与课程整合等方面的政策、规划、措施和实践经验，阐释教育信息资源在推进教育信息化发展、教育教学改革中的重要作用，重塑包括知识能力结构、学习方式变革的学生学习，以及教学模式和角色变革的教师教学，创新教育形态，可以为推进我国区域教育信息资源开发与应用、教育与互联网融合、信息技术与学科课程深度融合、促进教育信息化快速发展提供借鉴。

　　由于认识到建设数字化教育信息资源在促进教育均衡发展、完善现代化教育体系中的重要性和紧迫性，总体上，发达国家都比较重视教育信息化的发展和教育信息资源的均衡配置，把教育信息资源的规划与建设作为教育信息化发展的重要内容，以政府为主体，重视发展信息通信技术（ICT），改善全国、区域间、校际间以及校内数据传输状况，进而实现区域教育资源的均衡发展与共享，通过教育信息资源和信息技术的应用进一步促进教育教学改革，进而重塑和创新教育形态❶。

　　❶　贾同，顾小清.教育信息化战略比较研究——基于美、英、澳、日、新五国的国际比较 [J]. 电化教育研究，2018, 39（07）：121-128.

一、欧美主要国家和地区教育信息资源配置

（一）美国教育信息资源建设及应用

美国是信息技术的发源地，重视教育信息资源配置，最早关注并把信息技术应用于教育。美国数字资源建设萌芽于 20 世纪 90 年代的信息化浪潮，现已经进入全民共享阶段。1993 年克林顿政府提出"信息高速公路"计划，计划用 20 年的时间，投资 4000 亿美元建成联结政府机构、学校、图书馆、家庭和企业的全国信息网络。为解决如何管理好资源，让学习者从丰富的网络资源中获得自己想要的资源问题，美国 1996 年发布《国家教育技术计划》（*The National Educational Technology*，NETP）和《让美国学生做好进入 21 世纪的准备：迎接科技素养的挑战》使数字教育逐步被美国大众所接受。为适应数字时代的需要，美国制定多项规划，构建了数字教育发展的桥梁，对教育技术领域进行大量的投资，带动以数字图书馆为代表的信息数据库的发展，为 ICT 在教育中的应用提供高质量的资源 ❶。美国联邦政府在《不能让一个孩子掉队》（*No Child Left Behind Act of* 2001）法案中提出，加强技术与课程和教学整合，确保美国所有八年级毕业生都具备相应的技术素养 ❷。2005 年美国教育部部长提出，彻底改变校外世界的技术正在改变校园学习和教学环境，且这种改变正在被竞争激烈的全球化和出生、成长在网络时代的孩子快速推动，教师有必要提高教学效率以适应"数字"一代学生的需求，确保在 21 世纪，每一个孩子在全球化经济中拥有足够的竞争技能和获得成功的机会 ❸。

1. 通过国家教育技术计划促进信息资源建设

美国教育信息资源的配置主要体现在国家教育技术计划（NETP）中。

❶ 来钇汝，张立新，秦丹 . 美国区域教育信息化发展规划的分析与启示 [J]. 现代教育技术，2020, 30（06）：26-32.

❷ The no child left behind act of 2001[EB/OL]. [2017-08-25]. https://www2.ed.gov/nclb/overview/intro/execsumm.pdf.

❸ FADZILAH ABD RAHMAN, JON SCAIFE, NURUL AINI YAHYA, et al. Understanding instructional technology resource teachers: ways of knowing, ways of doing[J]. International Journal of Instruction, 2010,3(02):83-96.

由于认识到 ICT 对教育带来的巨大影响，早在 1996 年美国政府就发布了第一份国家教育技术计划（NETP 1996），之后每隔五年都发布一份相应的规划，总结教育技术发展存在的问题，并完成下一个五年规划，进一步促进教育技术的发展，优化教育信息资源配置。

在《让美国学生为 21 世纪做好准备：迎接技术能力的挑战》（NETP 1996）中，重点强调 ICT 的重要性，它给教育带来重大影响，能够优化教学过程，革新教学模式和方法，促进学习者的学习。规划还对教育信息化发展的软件、硬件资源以及人力资源提出了明确要求，希望构建一个支持教育信息化发展的软硬件环境，实现 ICT 与教育教学的融合，创造更多学习机会，为学生使用计算机和信息高速公路辅助学习提供必要的帮助；培训教师 ICT 技能，让所有教师都能够使用多媒体计算机进行教学；使有效的教育软件和在线学习资源成为学校课程教学的一部分等❶。

在《数字化学习：将世界一流的教育置于儿童的指尖上》（NETP 2000）中，明确提出应实现教育资源的数字化，提高基础网络基础设施覆盖面以及计算机在家庭和学校中的普及率，提高教师的信息素养，强化信息技术在中小学教学中的应用，为适龄儿童提供数字化学习资源，点面结合促进教育信息资源的应用，将信息素养能力纳入学生能力考核标准，以提升 ICT 和教育信息资源在教学中的应用效率❷。

《迈向美国教育的黄金时代：因特网、法律与当代学生变革发展》（NETP 2005）强调立足于美国教育信息化现状，通过增加预算、提升领导力和加大对教师培训等措施，提高互联网宽带接入水平，加强数字教学资源建设，提高教师信息素养能力以及 ICT 应用效能，以支撑和发展以学习者学习为中心的信息化教育❸。

---

❶　U.S. Department of Education（USDE）. Getting America's student ready for the 21st century: meeting the technology literacy challenge[R]. Washington DC: Department of Education, 1996: 1-73.

❷　U.S. Department of Education（USDE）. E-learning: putting a world-class education at the fingertips of all children[R]. Washington, DC: Department of Education, 2000: 1-73.

❸　U.S. Department of education（USDE）. Toward a new golden age in American education: how the internet, the law and today's students are revolutionizing expectations[R]. Washington DC: Department of Education, 2004: 1-72.

《变革美国教育：技术推动学习》（NETP 2010）强调学习基础设施建设，要求为每一位老师和学生提供必需的学习条件，包括人力资源、数字化学习资源、政策、互联网宽带接入，进一步发展和创新教学模式，构建通过信息技术推动学习的 21 世纪教育模式，消除由于社会资本投入造成的学习成绩差异，促使每个学习者都能充分发展，提高学习成绩和提升毕业率[1]。

《为未来而学习：重新构想技术在教育中的角色》（NETP 2016）强调完成教学、学习、领导力、基础设施、评价等五个领域的建设，提升 ICT 在教育教学中的应用，变革教育模式实现教育创新，提升学习者终身学习能力和非认知能力，全面引领美国教育信息化发展[2]。

从 NETP 2010 开始，美国政府就加速开发基于开放技术的最新的学习工具和课程，并加速数字教材的开发，以美国国家政策为导向，对资金投入、人力资源规划、资源平台建设、数字内容开发进行系统配置，通过 OER（Open Educational Resources）、MOOCs、DIM（Digital Instructional Materials）等方式把数字教育资源推送给各类受众，推动数字资源在 K12 领域的应用与普及。

2. 通过开放平台共享信息资源

美国 2003 年正式启动开放课件运动（Open Courseware，OCW），构建资源网络平台，为学习者提供包括课程教学大纲、电子作业、课堂讲稿等课程核心资料在内的麻省理工学院（Massachusetts Institute of Technology，MIT）课程，目前 OCW 已经提供超过 2400 门课程，拥有 2 亿多来自世界各地的学习者。以 OCW 为基础，2012 年 Coursera、Udacity、edX 三大慕课平台正式上线，为学习者提供大量在线数字化教育资源[3]。

---

[1] U.S. Department of Education（USDE）. Transforming American education: learning powered by technology [R]. Washington DC: Department of Education, 2010: 1-124.

[2] U.S. Department of Education（USDE）. Future ready learning: reimagining the role of technology in education [R]. Washington DC: Department of Education, 2016: 1-106.

[3] 徐晶晶 . 中、美教育信息化可持续发展比较研究及启示 [J]. 中国电化教育 , 2017,（11）：28-35+51.

在中小学，多数师生主要通过 K12 共享教育信息资源，目前已有超过
3 万所私立学校、10 多万所幼儿园、超过 9% 的中小学生注册成为 K12 用户，
平台中的数字化教育信息资源既有来自一线教师个体开发的资源，也有来自
专业数字资源公司开发的资源。教师开发的资源还可以直接上传到 Playlist
中进行免费共享，或者通过 Teachers Pay Teachers 和 Time to Know 进行交易，
以提高教师开发教学资源的积极性。另外，教师和学生还可以通过学校搭建
的数字化教育信息资源平台或者通过众多非营利性组织如可汗学院（Khan
Academy）等提供完全免费开放的资源平台进行信息资源共享和使用。

2017 年 3 月开始启动"#GoOpen"运动，以学区为桥梁，依托公开许
可的开放教育资源（Openly Licensed Educational Resources，OLER），促使
教育信息资源在公共领域开放共享，打通教育界内容资源流通渠道，实现资
源的全民共享。

3. 以政府为主投资建设数字学习生态系统

为促进师生在教学和学习过程中能够充分利用、泛化、整合数字化教
育信息资源和技术，由政府出资构建一个庞大的数字学习生态系，让学生在
正式和非正式学习环境中的学习成为可能。依托美国前总统奥巴马 2013 年
提出的《教育连线》行动计划，由美国联邦通信委员会（FCC）进行投资，
州政府、图书馆和学校通过教育信息高速公路与各种非营利性组织联网，并
在苹果、微软、A&T 等信息技术公司的鼎力资助下，加强学校高速网络建
设，升级网络连接服务，为美国 99% 的学生提供 100Mbps 以上的宽带网络
服务，让学生在校内教室和图书馆能够使用 100Mbps 至 1GMbps 的高速宽
带和无线网络访问数字资源；为师生提供教学和学习访问终端，确保教师和
学生在校外能够通过移动设备获取数字化学习资源；完善数字化学习资源建
设，确保学生能够获得优质数字化学习资源；对教师进行信息技术能力培
训，确保教师能够使用新的信息技术改革传统教学模式❶。由联邦政府出资，

---

❶　White House.President Obama unveils connected initia-tive to bring america's students into digital
age [EB/OL]. [2017-05-01]. https://www.whitehouse.gov/the-press-office/2013/ 06/06/ president-obama-unveils-
connected-initiative-bring-america-s-students-di.

自 2014 年开始，每年增加数十亿美元改善低网速地区的互联网，提升网络连接速度❶。每年拟规划投入 80 亿美元，采购公开授权的高质量教育信息资源，进一步补充和完善已有的数字化学习资料，免费提供给学习者和教师使用与共享，并为老师访问、学习、管理、分享、以及利用自己的专业知识和技能进行再加工提供帮助；公开共享授权教育信息资源，并为学习者量身定做数字化的学习资料等，以满足实际教学和学习需要❷。通过"知识共享（Creative Commons）"等非营利性组织为大、中小学生免费提供优质、丰富的数字化学习资源，改善学习体验，培养学生设计、开发、组织和管理在线学习内容、以及分享信息资源的能力❸。

美国从国家层面构建强大而全面的信息基础设施，确保每一位师生都有一个能使用的信息终端设备，无论在校内还是在校外都能通过宽带或者无线终端接入互联网，为学生提供超越校园和围墙限制的获取丰富教育信息资源的机会，并为老师提供激励和吸引学习者学习的新方法和手段，保障每一位老师和学生都能够获取和利用优质在线教育信息资源，满足师生研究、学习、合作、交流的需要。在 Connect ED 计划中，要求在 2013 年实现每 1000 名学生至少接入 100Mbps 的互联网，到 2018 年至少达到 1000Mbps。在 2017 年《构建技术结构学习指南》（*Building Technology Instructure for Learning Guide*）中要求为老师和学生配置网络终端，实现 1∶1 的生机比和师机比，并接入高速互联网络，确保教师和学生获取所需的教学和学习资源，满足泛在学习的需要❹。

联邦政府要求各州、各地区、各学校发挥信息技术的灵活性和作用，为信息技术资源学习建立清单，让信息技术学习资源匹配预期教育成果，支

---

❶ Federal Communications Commission（FCC）. FAQs on E-rate program for schools and libraries[EB/OL]. [2017-03-01]. https://www.fcc.gov/consumers/guides/universalservice-program-schools-and-libraries-e-rate.

❷ Association of American Publishers. Instructional materials funding facts[EB/OL]. [2017-10-13]. http://publishers.org/our-markets/prek-12-learning/instructional-materials-funding-facts.

❸ 许涛. 美国教育技术基础设施发展及其对我国教育信息化建设的启示 [J]. 数字教育, 2017, 3（05）: 1-9.

❹ 李璐，王运武. 美国信息化基础设施推进路径及其对中国的启示——美国 2017《支持学习的基础设施建设指南》解读 [J]. 中国医学教育技术, 2018, 32（05）: 476-481.

持开发和使用经授权的体现学科教学设计原则的数字化教育材料，制定访问教育信息资源的新标准，加快开发基于技术的学习工具和数字化课程，构建一个综合的数据与地图库，通过设备接入与互联网连接，在全国范围内使用开放授权的教育资源❶。为每一位老师和学生提供信息技术，让每一位学生获得创造和创新机会。

4. 设立教育信息资源老师岗位

为促进教育信息资源的开发与应用，以及促使信息技术在各级教育机构中的应用，美国政府特设立教学技术资源老师（Instructional Technology Resource Teacher，ITRT）和技术支持人员（Technology Support Staff，TSS）岗位❷，弗吉尼亚州教育部主管部门还发布了《教育技术资源教师手册》❸，要求弗吉尼亚州的所有学校每 1000 名学生至少配备 1 名信息资源技术老师，以促进教育信息资源教师项目的发展。研究结果表明，促进教育信息资源应用和提高信息技术应用水平最有效的途径是配备足够多的信息资源专职教师。

5. 学习信息数据化和资源建设标准化

信息技术利用不仅带来节约时间、减少纸张浪费的优势，还能支持学习过程评价数据化。人们不仅通过各种平台工具收集学习者学习过程的信息数据，使学习者学习信息可视化；还能利用大数据测量和评价学习者的学习过程，并将评价结果用于改善学习者的学习。

数字资源的广泛应用，并不能保障资源的质量和效用。低质量的教育内容会妨碍教学实践，为保障资源建设的规范性和内容的高质量，美国教育部门和社会组织不仅制定了教育信息资源建设技术标准，还开发出完善的资

---

❶　U.S. Department of Education（USDE）. Future ready learning: reimagining the role of technology in education [R]. Washington DC: Department of Education, 2016: 1-106.

❷　Division of Technolgy & Career Education Office of Educational Technology. Instructional technology resource teacher guidelines for teachers and administrators[R]. Virginia Department of Education. July 2008. https://www.doe.virginia.gov/support/technology/ administrators_teachers_staff/teacher_guidelines.pdf.

❸　Virginia Department of Education. Instructional technology resource teacher and technology suport position: a handbook for school devision[R]. 2005.

源评估体系。如非盈利教育组织 Achieve 制定了内容符合标准程度、支持教学应用情况、技术互动等八项评价指标。评价标准的目的在于通过符合学习标准的教学方法和均衡评价法，提高数字教育资源的质量。

注重资源的同行评价，提升资源质量的说服力。通过同行之间的信息互通，进一步了解资源的属性和适用性，优胜劣汰，淘汰不符合教学和学习需要的低质量资源，并通过数字教育资源供应网站，推介同行评价的优质数字教育资源，促进资源的流通与共享❶。

6. 开发多语言系统与资源解决文化差异

由于存在多种群问题，即用户不具备第二语言能力，通过母语无法找到所需教育信息资源的情况，这既是美国教育信息资源发展面临的难题，也是世界各国面临的如何共享教育资源、实现教育公平的障碍，因此，美国教育信息资源不仅在资源检索上，还在资源内容建设上考虑多种文化和多种语言的要求，设计、开发、推广多语言教育信息资源，满足跨界、跨文化、跨语言用户的需要，使存在语言障碍、文化差异的用户也能共享数字教育资源，获得公平学习的机会❷。

（二）英国教育信息资源建设及应用

英国教育信息化处于全球领先地位，通过政府政策引导，教育结构负责，利用充裕的财政支持，完善信息技术基础设施建设，为教育信息资源的合理配置提供必备条件，促进信息资源的设计、开发、建设与应用。通过互联网和校园网推送课程信息资源，学校不仅为学生提供全面的网络课程，还提供丰富的、可以通过校园网下载的其他学习资料，将教学从课堂内部延伸到课堂外，为世界各国的学习者提供在线学习和讨论平台，推动教育模式、方法变革以及教育管理现代化。

---

❶　MALLOY, THOMAS E. MERLOT: A Faculty-doused website of educational resources[J]. Behavior Research Methods Instruments & Computers, 2001, 33(2):274-276.

❷　JAVIERA ATENAS, LEO HAVEMANN. Questions of quality in repositories of open educational resources: a literature review[J]. Research in Learning Technology, 2014, (22):1-13.

1.政府重视教育信息资源的配置与应用

从20世纪90年代开始,英国就把信息技术的发展与应用作为教育改革的核心内容,从政策、经费等方面给予大力支持。为促进ICT在教育中的应用,2004年3月英国发布E战略,鼓励运用信息技术为学习者服务,改变学习方式,提出六项优先权,即整合源于教育和服务中的有关信息资源,为所有学习者提供综合在线信息服务;为儿童和在线学习者提供在线资源支持服务,包括学习课程、课程资源、评价结果和成绩等;创新个性化学习行为,促进新型E学习和资源转换;进行ICT应用培训,提高教师、学生和从业者的ICT水平,使教师、学生、训练者和领导等成为优质的ICT资源;鼓励教育领导和机构在教育服务中首先应用ICT技术;构建E学习、信息化管理和信息化运营环境,改革普通数字架构。为实现上述目标,设立专门管理与协调机构,加强软硬件教育信息资源建设以及强化对从业人员培训❶。

作为主导机构,英国政府非常重视教育信息化资源的开发与应用,不过,教育信息化资源的开发主要由公司和教育机构来完成,然后通过地方教育部门向各级学校分配中央财政设立的"电子化学习专项基金"购买教育信息资源,免费向用户提供,如2Sample开发了大量适于5~12岁学习者需要的数学、英语、科学、计算机、历史、绘画、艺术与音乐等学科资源❷。

2.设立专门机构实施宏观调控

一个显著性特点是,英国在其教育与就业部下成立专门的管理与协调机构。教育传播与技术局(BECTA),专门负责实施英国教育信息化建设与发展的相关事宜,包括制定系统的规划和计划等。

1998年,英国教育传播与技术局启动国家学习网络系统(National Grid for Learning,NGL)建设,推动国家层面的教育信息化建设与发展规划,

❶ 吴全会.英国基础教育信息化最新进展述评[J].中小学信息技术教育,2008,(06):76-78.

❷ 张学虎.英国基础教育印象(三)——英国基础教育信息化资源建设[J].中国现代教育装备,2016,(24):1-4.

从宏观的角度，建立可持续发展的良性数字化资源开发机制，重视网络信息资源建设、推广与应用，鼓励企业积极参与教育信息资源的设计和开发工作❶。通过系统的计划和规划，强化信息资源建设、合理配置与应用，构建覆盖面广、方便查询和浏览、服务一流、信息资源丰富、学术性强的学习资源服务网络，为师生、研究人员免费提供高质量的数字化、网络化信息资源。

2004 年英国教育传播与技术局发布了《关于孩子和学习者的五年战略规划：将人们置于公共服务的中心》，强调 ICT 是教育教学改革的核心，需要进一步促进 ICT 在幼儿、小学、中学、职业、高等教育等课程建设、教学活动、教育管理与评价等环节中应用，为每一个人提供动态的、满足不同需求的综合性服务，除了提供广泛而丰富的课程背景、参考资源外，还为每一位小学生提供高标准的基础知识，为中学生提供优秀、有趣的课程教学和有吸引力的学习环境❷。

2005 年英国教育传播与技术局发布了《利用技术：改变学习及儿童服务》的信息化战略，要求在 5 年内完成信息化教育支助服务体系和机制建设，完善数字化服务共享体系，为师生提供充足的教育信息资源，促进学习者的个性化学习，并为教师提供 ICT 培训和使用支持服务❸，提高信息技术应用能力。

2016 年英国教育部发布《教育部 2015—2020 年战略规划：世界级教育与保健》，致力于构建为人们生活做准备的安全、健康、优质的教育服务体系，确保教师能够获得充分、高质量的教学资源，促进专业持续发展；为学习者提供适合其自身特点的技术能力和学习资源，推进 STEM 课程资源建设，强化信息通信技术与教育的理性融合❹。

❶ 刘向永 . 英国基础教育信息化现状及其分析 [J]. 中国电化教育 , 2001,（07）: 10-13.

❷ Department for Education and Skills of UK. Five year strategy for children and learners putting people at the heart of public services[EB/OL]. [2018-12-15]. http://www.educationengland. org.uk/documents/pdfs/2004-five-year-strategy.pdf.

❸ Department for Education and Skills of UK. Harnessing technology transforming learning and children's services[EB/OL]. [2018-12-23]. https://www.researchgate.net/publication/3223144 9_Harnessing_Technology_Transforming_Learning_and_Children's_Services.

❹ Department for Education of UK. DfE strategy 2015—2020: work-class education and care[EB/OL]. [2018-09-16]. https://www.gov.uk/government/uploads/system/uploads/ attachment_data/file/508421/DfE strategy-narrative.pdf.

3. 开设信息技术课程提升信息素养能力

为提高师生信息技术能力和促进教育信息资源应用，自 1989 年起英国的教育机构就开始筹备在中小学实施信息通信技术课，强化计算机教学，教学涵盖中小学四个学段，如表 6-1 所示❶。

表 6-1　英国信息通信技术课程开设情况

教育阶段	小学		初中	
年龄 / 岁	5 ～ 7	7 ～ 11	11 ～ 14	14 ～ 16
学段	KS1	KS2	KS3	KS4
年级	1 ～ 2	3 ～ 6	7 ～ 8	10 ～ 11

为了适应时代发展的要求，2014 年英国教育部把信息通信技术课程名更改为以计算机科学为核心的计算（Computing）课程，内容包括三个独立的子模块，计算机科学（包括数据结构、算法、编程等内容）、数字技能（包括自信、安全、有效使用计算机的能力）和信息技术（包括设计和应用数字系统实现用户需求等），通过学习信息通信技术原理、数字系统、计算机编程等知识，培养学生的数字素养能力，学会运用计算思维和创新能力理解和改造世界。

4. 通过资源网提供全面丰富的教育信息资源

构建全国教育门户网站：国家学习网络系统（NGL），NGL 目前已成为欧洲最大的教育门户网站之一。通过 NGL 强大的搜索功能，学生和教师都能获得相应的学习和教学资料。同时，还构建了教师信息资源网和全国课程资源平台，并与政府行政部门、科研机构互联，为教师提供信息资源和服务支持，除共享学科课程资源外，还为教师提供端口，允许教师通过平台建设国家级课程，有利于教师在教育教学中使用 ICT 和教育信息资源以提高教学质量；为学生开发基于多种语言的课程学习资源，如英语、日语、拉丁语

---

❶　Department for Education of UK. The national curriculum in England: key stages 1 and 2 framework document September 2013[EB/OL]. [2018-09-16]. https://assets. publishing. service.gov.uk/ government/ uploads/ system/ uploads/ attachment_ data/file/ 425601/ PRIMARY _national _ curriculum.pdf.

等。据 BECTA 2010 年的统计数据显示，仅有 7% 的中学和 4% 的小学认为教育信息资源偏少，32% 的中学和 48% 的小学认为他们拥有非常丰富的数字化教育信息资源❶。

英国中小学除部分学校为学生提供电子书包等服务外，如图 6-1 所示，超过 60% 的中小学至少在 50% 的新课中使用数字化教学资源进行教学、课堂演示和示范、练习复习和学习汇报等教学活动，并通过数字化教学资源帮助学习者进行自主学习、小组学习、学习评价，以及校外学习等学习活动❷。

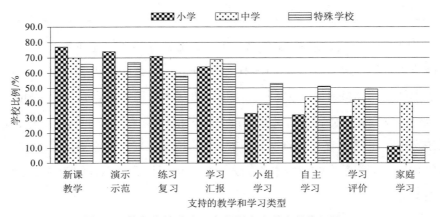

图 6-1　数字化教学资源在英国中小学中的使用情况

5. 制定教师信息技术能力标准

教育与就业部发布《学科教师应用 ICT 能力培训计划》，要求教师能够掌握 ICT 知识和技能，提高信息技术能力。培训计划内容包括信息素养、ICT 知识和技能的理解、学习和掌握、ICT 设备和资源应用实践，以及有效使用 ICT 进行教学评价等。为使教师达到《学科教师应用 ICT 能力标准》的要求，教育与就业部于 1999 年创设新机会基金项目（The New

---

❶　PHILIP COLLIE, LORNA LEWIS. A guide to ICT in the UK education system Preparation for BETT 2011[EB/OL]. [2018-09-16]. http://www.educationimpact.net/media/23170/bett-2011-a%20guide%20to%20ict%20in%20the%20uk%20education%20system.pdf.

❷　Ofsted. ICT in schools 2008-2011[EB/OL]. [2018-09-16]. https://assets.publishing.service. gov.uk/government/uploads/system/uploads/attachment_ data/file/181223/110134.pdf.

Opportunities Fund，NOF）以鼓励教师在学科教学中广泛应用 ICT❶。

6. 完善信息资源应用环境

截至 2009 年，所有英国中、小学都已接入互联网。2011 年分别有 90%
的中学和 78% 的小学建成了无线网络，信息资源应用环境已基本完备。据
BETCA 的统计数据显示，截至 2010 年，英国小学的生机比为 6.9:1，中学
为 3.4:1，如图 6-2 所示，分别有 90% 的小学和 88% 的中学为教师提供台
式电脑，89% 的小学和 75% 的中学为教师提供笔记本电脑，91% 的小学
和 72% 的中学为教师提供数码相机，100% 的小学和 86% 的中学为教师提
供交互式电子白板，分别有 67% 的小学和 93% 的中学建有学习平台，每天
至少使用一次以上相关信息设备进行教学的小学和中学教师分别占 84% 和
72%❷。

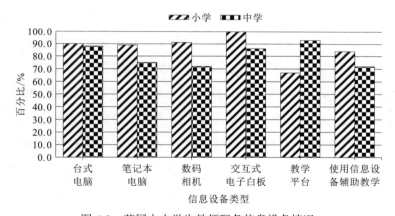

图 6-2　英国中小学为教师配备信息设备情况

据英国教育供应商协会（British Educational Suppliers Association，
BESA）2010 年的调查数据显示，分别有 63% 的中学和 65% 的小学认为学

---

❶　Department for Education of UK. Consultation report: changing ICT to computing in the national curriculum[EB/OL].[2018-09-16].https://assets.publishing.service.gov.uk/government/ uploads/system/uploads/attachment_data/file/193838/consultation_report_changing_ict_to_computing_in_the_national_curriculum.pdf.

❷　PHILIP COLLIE, LORNA LEWIS.A guide to ICT in the UK education system preparation for BETT 2011[EB/OL]. [2018-09-16]. http://www.educationimpact.net/media/23170/bett-2011-a% 20guide%20to%20 ict%20in%20the%20uk%20education%20system.pdf.

校已为学生提供很好的计算机应用环境[1]。据英国政府对"2008—2011 年间 167 所中小学校和特殊学校信息技术应用评估报告"的统计数据显示，有三分之二的学校 ICT 整体应用效果良好，不仅丰富了学习手段和体验，还提高了学习成绩[2]。

通过信息技术为学习者提供包括差异化的学习课程、灵活多样的资源选择等，满足学习者的不同需要和偏好，进一步促进基于资源的学习[3][4]。2016 年英国教育大臣尼基·摩根提出，政府将投入 13 亿英镑升级、改造互联网络，使学习者无论在城市还是在乡村，无论在公共场所、学校还是在家里都能充分利用信息资源，随时随地的学习[5]。

（三）欧盟教育信息资源建设及应用

2010 年 5 月，欧盟发布 ET 2020 战略，提出《欧洲数字议程：欧洲 2020 年倡议》（*Digital Agenda for Europe: A Europe 2020 Initiative*），强调进一步加强信息基础设施建设，为每个欧洲家庭和企业提供高速宽带互联网接入服务，让所有人都能共享数字技术优势。要求欧盟所有国家到 2020 年都能接入 30Mbps 以上带宽网络，50% 以上的家庭宽带超过 100Mbps，尤其关注边远地区宽带网络接入和云计算支持数字资源服务平台建设，以提升欧盟在线知识传播、购物以及创新的能力。提出七个重点发展领域：①建立统一数字市场；②完善信息技术标准；③建立诚信体系；④构建快速、安全的高速网络；⑤提升数字素养、数字技术和数字全纳教育；

[1] British Educational Suppliers Association. BESA: ICT use in schools 1991—2015 English maintained schools[EB/OL]. [2018-09-16]. https://39lu337z5l1lzjr1i1ntpio4-wpengine. netdna-ssl.com/wp-content/up-loads/2015/08/BESA-ICT-USe-in-Schools.pdf.

[2] Ofsted. ICT in schools 2008-2011[EB/OL]. [2018-09-16]. https://assets.publishing.service. gov.uk/gov-ernment/uploads/system/uploads/attachment_data/file/181223/110134.pdf.

[3] 马元丽，费龙. 利用技术促进新一代学习——英国基础教育信息化策略的新发展 [J]. 中国远程教育，2009，（12）：70-74.

[4] 马宁，周鹏琴，谢敏漪. 英国基础教育信息化现状与启示 [J]. 中国电化教育，2016，（09）：30-37.

[5] Department for Education of UK. Nicky Morgan: the benefits of technology in education[EB/OL]. [2018-09-16]. https://www.gov.uk/government/speeches/nicky-morgan-bett-show-2016.

⑥研究和创新；⑦利用 ICT 提高社会效益❶。

2013 年欧盟启动"开放教育"（Opening on Education）计划，为各级学校提供高质量的教育信息资源，提高师生数字技术能力，让教师、学生、教育机构等能够共享免费开放的教育信息资源❷。为促进互联网在教育中的应用，还为老师在职培训免费提供其余 23 种语言的教育信息资源，以及为中小学生设计学习网站、学习手册、在线游戏、教学视频等基于网络的数字化学习资源，无论教授欧盟历史，还是详细了解欧盟教育政策，都可以从教育信息资源库中找到相应的资料❸。在欧盟国家中，表现较为突出的主要是德国和法国。

1. 德国教育信息资源建设及应用

德国不仅是富裕的发达国家，也是一个比较重视教育信息化建设、教育信息化发展程度较高的欧洲国家，对教育信息化的建设投入一直处于世界前列。早在 20 世纪 80 年代，德国就提出信息与通信技术教育计划，将信息通信技术作为学科基础并在中学课程中渗透相关知识。目前，德国在工业 4.0 的引领下，进一步推动教育信息化的快速发展和教育信息资源的广泛应用。

（1）通过立法和国家规划加强教育信息化建设

虽然德国的教育管理主要由各州教育部长会议协调、负责，联邦政府很少干预❹，但为了促进教育信息化进程，联邦政府异常重视教育信息化建设，采取积极的干预手段完善教育信息化。1962 年德国议会通过《联邦德国多媒体法》，以立法创新加快信息化发展。1999 年德国政府制订"21 世纪信息社会创新和就业行动计划"，并为该计划的实施提供巨额资金支持，进一步完善教育信息化环境，数据显示，2001 年德国所有中小学校已接入互

❶ European Commission. Digital Agenda for Europe（a europe 2020 initiative）[EB/OL]. [2018-07-16]. http://nortech.oulu.fi/pdf/Elena_EUDAT_PRESENTATION.pdf.

❷ European Commission. Commission launches 'Opening up Education' to boost innovation and digital skills in schools and universities[EB/OL]. [2017-10-21]. http://europa.eu/rapid/press-release_IP-13-859_en.htm.

❸ European Union. The European Union explained: education, training, youth and sport [EB/OL]. [2018-06-17]. https://europa.eu/european-union/file/1063/download_en?Token=7 0063GiJ.

❹ 孟利前, 肖海峻. 德国教育体制简述 [J]. 职业教育研究, 2010（S1）: 197-198.

联网络。通过政企合作，借助社会资金普及电子化中小学课本，发展网络化学习❶。2006 年已实现每位中小学生拥有一台笔记本电脑，开展网络化学习。2010 年联邦政府发布《信息与通信技术战略：2015 数字化德国》，要求发展满足未来所需的信息通信网络、强化新媒体在各类教育、培训和能力培养中的作用、融合新媒体技术创新教育模式等。

（2）以政府投资为主完善信息资源应用环境

2014 年通过《数字化行动议程（2014—2017）》推动"网络普及""网络安全"以及"数字经济"发展，培养满足社会需求、具备良好媒体素养、熟悉数字化环境的知识型人才。联邦政府联合州政府、教育机构和企业，开发数字学习策略，提供使用数字媒体的机会，为更好地通过数字媒体进行教育和培训活动，启动"教师培训质量计划"，联邦政府在未来 10 年投入 500 万欧元对教师进行数字化培训。内容包括数字教材和信息技术的使用。

1998 年德国互联网用户仅为 1400 万人，接入互联网的学校仅占 15%。到 2009 年互联网普及率已达 79.1%，家庭计算机拥有率达 84.1%。截至 2012 年底，所有城市完成 4G 网络建设，并为学校师生提供免费网络服务❷。2014 年开始为学生提供平板电脑访问虚拟教室、下载学习资料、传递作业、在线讨论等学习活动，计划 2018 年前普及全国高速宽带网络。

（3）通过资源平台为师生提供免费的信息资源

通过远程教育系统，向教师和学生提供教学和学习资源。2011 年，德国教育出版商协会发出构建共同数字教材平台倡议，并于 2012 年 2 月 14 日发布统一的数字教材平台，提供涵盖 40 门课程的 500 多种教材，教师和学生可以在需要时使用这些数字教材，且可以在数字教材上记录读书笔记、插入书签、标记课文等操作。2013 年开始推出免费慕课平台 Iversity，2014 年通过 Iversity 平台免费向世界各地的学生提供慕课课程，内容包括计算机技术、医学、法律、物理等学科。同时，通过 E-Learning 平台为不同职业群体用户提供专业化的网络学习课程。

---

❶ 黄德群，毛发生. 德国教育技术发展研究 [J]. 外国教育研究，2004，（03）：56-60.

❷ 马丽. 大数据时代的德国信息化战略 [N]. 学习时报，2014-11-10（002）.

2. 法国教育信息资源建设与应用

自 20 世纪开始，随着信息技术的兴起和快速发展，法国陆续出台多项国家级教育战略和行动计划。早在 1985 年法国便出台"人人学习计算机计划"，1995 年制订"多媒体教学发展计划"，1997 年发布"信息社会政府行动计划"，明确学生毕业时要掌握未来个人生活和职业生活所需的信息通信技术，以及利用丰富的多媒体资源开展教学活动❶。

为应对新技术带来的挑战和机遇，2015 年发布"数字化校园"教育战略规划，计划用三年时间，投资 10 亿欧元改善数字化教育资源和设备，全面提升学生智能化学习环境下的信息素养能力，能够从纷繁复杂的网络世界检索、筛选正确、客观、真实的信息，将数字化课程纳入通识教育体系，培养学生自身的责任感和与他人沟通的能力，树立批判性思维和独立型人格。2015 年 9 月已有 600 所学校被纳入教育数字化系统，且全面启动教师信息技术培训项目。在政府的大力扶持下，截至 2019 年 6 月，教育数字化系统已覆盖四分之一的中小学，通过网络教育资源平台，师生可以获得丰富的学科网络教育资源。之后法国教育部提出"数字学校和农村创新计划"，分阶段为全法国中小学配备现代化教育设备，进一步支持村小学教育数字化的发展。

2017 年 9 月，法国启动为学生配备数字化移动设备计划，构建智能化学习环境，促进基础教育创新发展。号召政府部门、教育机构、图书馆、博物馆、企业等积极参与教育信息资源开发。"数字化校园"为小学四、五、六年级和初中一、二、三年级的师生免费提供电子资源和应用程序，资源涵盖法语、外语、数学、历史、地理五门课程。国家级数字教学平台为师生提供由社会出版社和公立出版社出版的包括数字教材、字典、习题、视频、游戏等在内的数字化资源。构建网络学习共同体，促使师生共享信息资源❷。

为进一步优化信息化对教育的服务作用，通过信息技术提高教育效率，培养新型人才，促进教育现代化，2018 年法国政府发布了《数字化助力可

❶ 王晓辉. 法国教育信息化的基本战略与特点. 外国教育研究，2004, (05). 60-64.
❷ 任一菲. 法国"数字化校园"教育战略规划概览及启示 [J]. 世界教育信息，2018, 31（18）：14-17.

信赖校园》报告，总结教育信息化的发展情况，并提出未来的期望。应该充分认识到教育数据的核心地位，强化新科技成果对教育的服务，研发教学工具和数字化教学平台，强化学校、家庭、科研单位、企业、教育机构之间的协作；完善中小学教育信息资源库，鼓励中小学教育技术创新，针对学科课程的需求，提供丰富的数字化教学资源；借助于数字化学习方式，为学生定制有针对性的教育计划和教学方式，满足学生多元化的学习需求，因材施教；加强中小学信息技术教育，进一步提高师生信息素养能力，推动国家教育信息化发展❶。

法国地方政府也非常重视教育信息资源的优化配置，如巴黎市政府提出对教育薄弱的郊区、新建城市给予政策倾斜，建立"教育优先区"；优化郊区教育资源配置，重新规划区域内学校布局，保障学校布局与区域内人口分布相匹配，加速巴黎郊区教育发展；加强区域间教师流动，促进教师资源均衡化配置❷。

二、亚洲主要国家教育信息资源配置

（一）韩国教育信息资源建设及应用

韩国不仅是一个实现全民普及高等教育的国家，是 19 个 OECD（经济合作与发展组织）成员国中数字阅读能力（包括搜集信息的思维能力和创造能力，运用和理解互联网信息的能力）最高的国家，也是数字化教育评估差异最小的国家。其基础教育信息化建设和教育信息资源开发实行中央集权，统一规划，多方参与，由中央、地方和学校组成三级教育行政管理体制负责实施，分层推进，优化管理流程和运营机制，打破部门间的数字壁垒❸。

1.统一规划，分层推进

通过《信息化促进基本法》推进信息化建设，设立教育信息化管理局

❶ 吉祥希.法国《数字化助力可信赖校园》报告解读与启示 [J].世界教育信息，2019, 32（12）: 25-29.
❷ 胡淼，刘双佳.巴黎郊区化进程中教育资源配置策略探析 [J].比较教育研究，2014,（07）: 46-50.
❸ 尉小荣,吴砥,余丽芹,等.韩国基础教育信息化发展经验及启示[J].中国电化教育,2016,(09):38-43.

专门负责教育信息化的建设与发展，成立韩国教育研究信息院、多媒体教育支援中心、尖端学术信息中心等协调机构，实行中央集权下的多层管理，由中央、地方和学校三级教育行政机构统一推进教育信息化和信息资源建设。

自 1996 年起每 5 年制定一个教育中的信息通信技术总体规划（Master Plan for ICT in Education），至 2014 年已制定了 5 个五年总体规划（Master Plan）❶，对 ICT 基础设施、教育信息化服务系统、数字资源和数字图书馆等进行评估、规划和建设，逐步完善以教师和学生发展为中心的资源精细化服务体系❷。

1995 年发布第一个五年总体规划（Master Plan I），这一阶段主要强调信息基础设施建设，计划建设覆盖全国的教育信息服务系统（EDUNET），包括建设中小学信息基础设施，建设国家数字图书馆，让中小学适应信息时代的要求，提高教师和学生信息素养能力，从小学 5 年级至初一开设信息素养必修课，从初二至高三开设信息素养选修课，促进信息技术在教育教学中的使用，包括要求教育课程适应信息时代，强化 ICT 在教育中的应用，开发和传播教育信息，支撑教学项目实践，促进数字教育资源合理利用，通过利用教育资源提高课堂教学质量，到 1999 年第一个学期，已有 48.2% 的初中和 55.1% 的高中提供计算机课程。如表 6-2 所示，2000 年韩国中小学信息基础设施已达良好水平。

表 6-2　2000 年韩国中小学信息基础设施建设情况

项目	小学	初中	高中
生机比	24.6:1	22.2:1	23.9:1
师机比	1.3:1	1.5:1	1.5:1
多媒体教室比例 /%	57	48.2	43.2

2000 年发布第二个五年总体规划（Master Plan Ⅱ），强调继续加强信

❶　Ministry of Education, Korea Education and Research Information Service（KERIS）. 2014 white paper on ICT in education Korea[R]. https://www.keris.or.kr/main/cf/fileDownload.do? fileKey=64d0c8ce80094682647973b0614ed075.

❷　崔英玉 . 解读韩国教育信息化的最新发展战略 [J]. 中国信息技术教育，2011，（22）：67-69.

息基础设施和信息资源建设，强调数字化学习。中小学硬件设施得到了较大改善，2005 年小学生、初中生、高中生生机比分别达 7.2∶1、6.1∶1 和 5.6∶1，进一步提升了信息技术在教育教学中的利用率；制定学习系统、教育内容、教育信息资源标准和规范，开发教育元数据标准，规范化教育信息资源建设，在全国范围内推行教育信息系统，通过网络连接所有中小学，提供家庭网络学习服务，支持网络学习，2005 年已有 12% 的小学生、19% 的初中生、17% 的高中生、7% 的教师注册了 EDUNET❶。

2005 年发布第三个五年总体规划（Master Plan Ⅲ）和无所不在的韩国战略（u-Korea），强调把所有资源数字化、网络化、可视化和智能化，强调加强中小学信息基础设施建设，开发教学和学习支助服务系统，全面提升信息技术在教育中的应用，进一步加强学习终端的普及，实现每 5 名学生配一台电脑，强化教师信息技术能力的培训，使教师能够通过便携式笔记本和平板电脑进行授课，开发数字教材，建设数字图书馆系统，实现从有线向无线、从 e-Learning 向 u-Learning 的转变，构建不受时间、地点限制的学习环境，实施无处不在的学习，对 e-learning 的质量和标准进行监控❷。

2006 年发布《信息化促进教育全面发展规划（2006—2010）》，强调学校、社区、家庭间的联系，构建网络学习型社会，为每个公民提供平等获取教育信息资源的机会。2007 年 3 月，推进百所学校电子课本建设项目，推进教材电子化建设❸。

2010 年发布第四个五年总体规划（Master Plan Ⅳ），强调技术与教育融合，实施智慧教育❹，构建中小学自主学习支助服务系统，促进信息技术与

❶　Ministry of Education, Korea Education and Research Information Service（KERIS）. 2000 white paper on ICT in education Korea[R]. https://www.keris.or.kr/main/cf/fileDownload.do? fileKey=4feb869f1ba84226242b667ff8aa149a.

❷　Ministry of Education, Korea Education and Research Information Service（KERIS）. 2005 white paper on ICT in education Korea [R]. https://www.keris.or.kr/main/cf/fileDownload.do? fileKey= 08434f831bbb035b94da9d-93c0ee5fd1.

❸　吴砥, 杨浩, 尉小荣, 等. 国际教育信息化典型案例（2013—2014）[M]. 北京：北京师范大学出版社, 2015: 30-34.

❹　Ministry of Education. Korea Education and Research Information Service（KERIS）. 2016 white paper on ICT in education Korea [R]. http://keris.or.kr/english/whitepaper/WhitePaper_eng_2016.pdf.

教育的深度融合，培养学生的创造性思维；以学生为中心构建数字教育生态系统，支持教学和学习服务活动，开发有活力、可持续发展的在线课程，为中小学生提供电子教材、电子资料，建成基于个性化的泛在学习环境。

2014 年发布第五个五年总体规划（Master Plan Ⅳ），要求教育信息化要实现两个目标，构建教育信息化和媒体发展的中长期目标以适应韩国和国外经济、社会、技术和教育快速发展的需要，以及培育韩国教育的全球竞争力。为完成教育信息化的目标和愿景，制定 30 项战略主题和 89 项任务，涉及 5 个大类别，包括为幼儿园、中小学提供教育定制系统，计划和实施在线课堂，加强 ICT 的应用；构建教育和 ICT 应用融合的基础设施，通过教育数据系统（EduData System，EDS）和教育数据统计系统（EduData Statistics System，EDSS）实现大数据应用等。通过 5 年的发展，实现 ICT 在教育中加速应用和系统化。2018 年已实现小学、初中和高中生机比分为 1.4∶1，1.5∶1 和 1.5∶1 ❶。

2. 划拨专项经费保障基础设施和资源建设

韩国政府为投资主体，并鼓励民营企业和个人积极参与教育信息资源和教育管理信息系统开发、信息基础设施建设，以及完善资源评价、认定和支助服务体系，构建覆盖全国的教育信息服务体系（EDUNET），并为所有中小学配备网络、计算机、电子显示屏、实物投影等信息技术设备。从 1996 年开始每年给予 225 万美元教育网建设专项经费，1997—2000 年投入 6008 亿韩元改造和提升中小学多媒体教室，投入 5754 亿韩元配备中小学师生计算机等学习终端，投入 2634 亿韩元建设中小学校园网。让所有中小学都能够接入互联网，使用多媒体网络信息资源进行教学和学习，支持教学实践活动，提高课堂教学质量 ❷。

❶　Ministry of Education, Korea Education and Research Information Service（KERIS）. 2018 white paper on ICT in education Korea[R]. https://www.keris.or.kr/main/cf/fileDownload.do? fileKey= 49add0c26539f-68b177a706b01f426c7.

❷　Ministry of Education, Korea Education and Research Information Service（KERIS）. 2000 white paper on ICT in education Korea[R]. https://www.keris.or.kr/main/cf/fileDownload.do? fileKey=4feb869f1ba8422 6242b667ff8aa149a.

为保障教育信息化建设的有效性，推动信息技术基础设施建设，特制定信息技术基础设施建设费用分配标准和补贴规则。2004 年划拨 4500 亿韩元专项补贴，其中基础设施建设费用占 40%，增强和提升教育信息化费用占 30%，计算机与设备维修费用占 15%，教育管理信息化费用占 15%。2005 年投入 110 亿美元普及互联网和提高宽带网络的速度，2009 年投入 45 亿韩元转向资金升级校园网速度❶。

在教育预算中专门列支教育信息化预算经费，小学、初中和高中的教育信息化预算经费分别占学校教育经费的 3.3%、5.9% 和 2.7%。从 2011 年起，每年投入 220 万美元研发电子教材，到 2015 年已淘汰所有纸质教材，实现中小学教材电子化和学习资料数字化❷。

为加强中小学无线网络基础设施的建设，到 2021 年供给投入 2000 亿韩元，在 7900 所学校扩展无线网络和智能终端，使学校接入互联网的网速在 2009 年的基础上提高 50 倍，从 2 ～ 10Mbps 提高到 2017 年的 400Mbps，网络资费降低 96%❸。

3. 依托教育信息资源标准开发数字资源

2000 年韩国教育信息研究院着手制定教育信息资源标准，把韩国教育元数据（Korea Educational Metadata，KEM）作为国家教育资源元数据标准，包含信息资源技术规范和建设指南，统一规范中小学资源建设标准，构建完善的多媒体教育信息资源。

在数字信息资源建设方面，韩国政府最为重要的举措是建设中小学数字教材（Digital Textbook）。数字教材把教师用书、课后习题以及动画、视频、VR、AR 等多媒体教学资源与传统教材相融合，为学习者提供内容丰富、交互性强、突破时空限制的学习资源❹。

❶ 尉小荣,吴砥,余丽芹,等.韩国基础教育信息化发展经验及启示 [J].中国电化教育,2016,(09)：38-43.
❷ 吁佩.韩国教育信息化发展的经验及启示 [J].科教文汇（中旬刊）,2017,(08)：59-61.
❸ Ministry of Education, Korea Education and Research Information Service（KERIS）. 2000 white paper on ICT in education Korea[R]. https://www.keris.or.kr/main/cf/fileDownload.do? fileKey=4feb869f1ba84226242b667ff8aa149a.
❹ KIM M, YOO K H, PARK C，et al. Development of a digital textbook standard format based on XML[J]. Advances in Computer Science and Information Technology, 2010,(1):363-377.

韩国数字教材计划起源可以追溯到 1997 年，通过扫描传统的纸质教材，转化为电子教材，包括搜索、超链接、互动和多媒体等功能，通过投影向学习者展示或者通过互联网传递。2002—2006 年，韩国政府开始建立数字教材模型，并在试点学校试用❶。2007 年，韩国政府正式发布"促进数字教材商业化政策"，韩国教育部（Korean Ministry of Education，KMOE）牵头制订系统的数字教材发展计划❷，对不同年级、不同学科的数字教材开发提出相应的要求和愿景，开发数字教材并在试点学校进行测试。2016 年开发基于 Windows 平台的小学五年级 六个科目（阅读、英语、数学、社会学、科学和音乐）、基于 Linux 平台的小学六年级四个科目（阅读、社会学、科学和数学）的数字教材。2011 年韩国政府宣布开发所有中小学数字教材并在 2015 年全部完成。2008 年和 2013 年之间，政府共计投入约 560 亿韩元开发数字教❸ ❹，资源建设情况如表 6-3 所示。

表 6-3　2008—2013 年韩国中小学数字教材建设情况

年份	学校的层次	年级	科目	数目
2008	小学	5	阅读、社会科学、科学、数学、音乐、英语	6
	小学	6	阅读、社会科学、科学、数学	4
2009	小学	3～6	英语（4 个年级）	4
	小学	4	社会科学、科学	2
	初中	1	英语、科学	2
2010	小学	5～6	社会科学、科学（修订版）	4
2011	小学	5～6	阅读、数学（修订版）	4
2013	小学	3～4	社会科学、科学	4
	小学	5	自然科学	4
	初中	1-2	社会科学（5）、科学（8）	13

❶　金贞淑 . 韩国数字教科书计划及其实施情况 [J]. 世界教育信息 , 2015, (15) : 62-62.

❷　KIM H S, JEONG K H. Development and usability test of digital textbook viewer for K-12 education[J]. The Journal of Educational Information and Media, 2016, (3):509-531.

❸　KIM YONG LYUN. ICT-based education for school learners in Korea: Policy development for ICT-based education[J]. Journal of East Asian Studies,2016,14(3):239-250.

❹　白倩 , 沈书生 . 韩国中小学"数字教科书计划"及其对我国的启示 [J]. 外国中小学教育 , 2019, (09): 64-70+53.

159

自 2014 年开始，在小学四年级、五年级和初中一年级的社会科学和自然科学领域的教学中使用数字教材。在政府和教育部的倡导下，采用 HM5 标准以兼容不同的系统，开发数字教材在线教学系统，强化数字教材的使用，学生不仅可以使用与印刷教材内容相同的数字教材，还可以使用多媒体如视频剪辑、动画、虚拟现实、接入搜索引擎以及各种交互工具，通过系统发表学习心得、共享学习资源和学习制品、进入社区讨论等，数字教材使用的硬件平板电脑与老师计算机和电子黑板联网，学生通过电子钢笔就可以在教材上进行注释和勾画重点，保存以备复习，实现高效的学习❶。

2015 年通过在线发布，已向小学三、四年级和初中一年级的学生提供社会、科学、英语等数字教材，内容不仅包括丰富的学习资料，如术语、多媒体材料和评价问题以及印刷教材等，还通过新的数字技术如 VR、AR 提供现实内容❷。

4. 完善信息化学习环境

依托教育信息化应用平台、网络教育资源服务平台等如网上家庭学习系统（The Cyber Home Learning System，CHLS）、国家教育信息系统（The National Education Information System，NEIS）、国家教育信息服务系统（Educational Information Network，EDUNET）、韩国教育与研究信息服务（Korea Education and Research Information Service，KERIS）、韩国开放课程服务系统（Korea Open Course Ware，KOCW）等优化教育信息资源配置，实现教育信息资源的高度共享❸ ❹。如表 6-4 所示。

---

❶　金贞淑. 韩国数字教科书计划及其实施情况 [J]. 世界教育信息，2015,（15）：62-62.

❷　Ministry of Education, Korea Education and Research Information Service（KERIS）. 2018 white paper on ICT in education Korea[R]. https://www.keris.or.kr/main/cf/fileDownload.do? fileKey= 49add0c26539f-68b177a706b01f426c7.

❸　Ministry of Education, Korea Education and Research Information Service（KERIS）. 2014 white paper on ICT in education Korea[R]. https://www.keris.or.kr/main/cf/fileDownload.do? fileKey=64d0c8ce800946826 47973b0614ed075.

❹　白倩，沈书生. 韩国中小学"数字教科书计划"及其对我国的启示 [J]. 外国中小学教育，2019,（09）：64-70+53.

表 6-4　主要信息资源服务系统

系统名称	服务对象	提供的主要服务
NEIS	教育行政机构、学校、家长、学生	提供全国性的学校信息综合服务：包括为教育、非教育工作者及教育组织提供服务；为学生和学校提供事务性服务；为家庭提供教育服务；发布学校公告信息等
EDUNET	教师、学生、家长、专家	提供各类网络教育资源服务：包括提供各类多媒体数据、学科教学参考资料、学科问题库等教学内容；为教师、学校、教育机构提供开放的资料库；针对校园暴力、学校发展以及职业指导等问题为教师、学生、家长提供教育信息服务；帮助学生提高学习成绩等
CHLS	家长、学生	主要向学生提供网络学习、校外学习、自主学习等支持服务：包括为家庭学习提供数字资源；为学生提供网络在线辅导；通过电话咨询系统提供周六辅导服务等
EDS	研究人员、政策制定者	主要提供基本数据服务：为研究人员和政策制定者进行科学研究提供教育信息统计数据；为教育研究人员提供数据支撑服务等
KOCW	家长、学生	主要提供开放课程服务：包括发布开放课程；为学生注册提供服务；发布世界一流大学数据服务链接；提供国际学校开放课程检索服务等
KERIS	教育行政机构、学校、家长、学生	为促进ICT在教育中应用和制定国家教育信息化政策提供服务：包括发布国家教育信息化发展规划；加强与国际组织合作，促进国家教育信息化发展；制定教育信息化发展政策；创建数字学习环境；为教育公众提供教育信息服务等

2002 年开通"国家教育资源共享系统"（National Educational Resource Sharing System，NERSS）和"国家数字图书馆支持系统"（National Digital Library Support System，NDLSS）。2003 年开始推广国家教育信息系统，通过互联网中小学，以每年 10% 的速度完善更新各学科课程教学资料，构建方便学生查询的教学参考数据库，培养学生的问题解决、创新思维和逻辑思维能力。2004 年发布网上家庭学习系统，为居民家庭提供网络学习服务，为学生提供数字化学习资源和在线学习支助服务；通过教育信息服务系统（EDUNET）为学生、家长、教师、专家提供包括写真、图形、图像、声音、动画等形式的多媒体数字化资源、数字教学素材、教学方法指导、数字文献和学术资料等，开发教学单元和课时教学指导方案，鼓励师生利用教育信息资源，在课堂教学中展示多媒体材料，提高信息资源的利用率。通过"图书馆信息化推进综合计划"建设中小学数字图书资料室和数字资料支援中心，构建各教育机构和学校虚拟数字资料室，以实现信息资源的充分共享，节约设备维护和运营资金。

强化学习终端和宽带互联网建设，针对数字鸿沟带来的教育差距，韩
国教育部与电脑制造商签订协议，通过分期付款的方式向 50000 名学生提
供电脑，进一步完善信息化学习环境❶。据 2018 年《韩国 ICT 教育白皮书》
的统计数据显示，韩国小学生已基本实现人手一台信息终端设备，其中配
备笔记本电脑、智能 ipad、台式电脑等终端设备的比例分别为 4.2%、15.2%
和 80.6%，初级中学的比例分别为 23.1%、15.7% 和 61.3%，高级中学的比
例分别为 23.9%、5.4% 和 70.7%。如表 6-5 所示，公立小学生机比为 3.6：1，
师机比为 1.4：1；初中生机比为 3.1：1，师机比为 1.5：1；高中学生机比
为 2.7：1，师机比为 1.5：1；公立学校和私立学校之间的差别不太大。截至
2018 年第一个学期，全国已有 1303 所初中、高中共计 8948 名学生使用在
线课程❷。

表 6-5　2018 年韩国中小学计算机配备的情况

学校类型	小学		初中		高中	
	生机比	师机比	生机比	师机比	生机比	师机比
国际	2.5:1	2.0:1	1.7:1	2.3:1	1.6:1	1.7:1
公立	3.6:1	1.4:1	3.1:1	1.5:1	2.6:1	1.4:1
私立	2.8:1	2.4:1	3.1:1	1.7:1	2.9:1	1.5:1

　　韩国多数中小学已于 2016 年接入高速网络，网络带宽超过 10Mpbs 的
中小学占 98.9%，超过 100Mpbs 的中小学占 69.2%，如图 6-3 所示，带宽超
过 100Mpbs 的小学为 65.2%，带宽低于 10Mbps 的小学不到 2%；带宽超过
100Mpbs 的初中为 69.6%，高中为 79.1%❸。

　　❶　Ministry of Education, Korea Education and Research Information Service（KERIS）. 2015 white pa-
per on ICT in education Korea[R]. http://english.keris.or.kr/Whitepaper/ WhitePaper_ eng_2015.pdf.
　　❷　Ministry of Education, Korea Education and Research Information Service（KERIS）. 2018 white
paper on ICT in education Korea[R]. https://www.keris.or.kr/main/cf/fileDownload.do? fileKey= 49add0c26539f-
68b177a706b01f426c7.
　　❸　KIM H S, JEONG K H. Development and usability test of digital textbook viewer for K-12
Education[J]. The Journal of Educational Information and Media, 2016, (3):509-531.

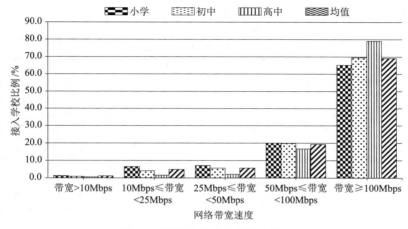

图 6-3　韩国中小学宽带接入情况

在完善的信息化学习环境下，通过高速网络，教师能够利用平板电脑和笔记本电脑实施移动教学，学生通过动态的多媒体信息资源实现自主学习，促进课堂教学变革，提升学生的创造、协作、沟通和自主学习能力以及批判性思维能力，培养创造性和全球化人才❶。

5. 技术与教学深度融合实施智慧教育

信息技术与教育深度融合，促进优质教育资源的共建共享，实现智慧教育，如表 6-6 所示❷。

2015 年，韩国政府宣布实施 SMART 学习创新教育计划，促进以教育智能为代表的自我导向、动机、自适应和丰富资源与技术嵌入的发展。SMART 学习创新教育计划的内容主要包括：①开发和应用数字教材，让每一位学生都可以通过智能手机以及其他移动终端访问学习内容；②激励使用在线课程并建立在线评估系统；③创建一个自由使用教育内容的环境；④增强教师实践 SMART 教育的能力；⑤构建教育云服务基地，开发

❶　张进宝, 张晓华, 赵建华, 等. 国际教育信息化发展报告 (2013-2014)[M]. 北京: 北京师范大学出版社, 2014:30-35.

❷　Ministry of Education, Korea Education and Research Information Service（KERIS）. 2010 white paper on ICT in education KoreaR]. https://www.keris.or.kr/main/cf/fileDownload.do? fileKey =caf2e02fec15b-d16257a3c49032c47b4.

SMART 平台❶ ❷。

表 6-6　信息技术与教育融合情况

	主要领域	效果	特点
信息技术与教育融合（2010—2014）	·培育创新与数字天才 ·加强高级 R&D 能力 ·传播与融合信息化 ·建立教育科学技术信息基础设施	·智慧教育引入与应用 ·未来教育研究与试运行 ·EduFine 与 EDS 服务 ·幼儿教育信息化	·重新调整和评估教育部一体化综合规划的进度和范围 ·建立教育与科学部门的综合规划
	（智慧教育策略主题） ·开发数字教材 ·加强在线课堂的实施与评价 ·创建易得、免费的教育内容环境 ·提高教师的智慧教育能力 ·开发云教育服务系统	·数字教材基础设施管理与试点开发 ·鼓励实施在线课程 ·解决教育内容的版权问题 ·提高教师能力素质 ·建立教育云服务	·扩大教育系统改革领域 ·限于小学和中学教育

目标是在 2020 年完成数字教材开发，创建未来的 SMART 教育环境，2022 年建立一个下一代 RISS 试验，2023 年建成 29 亿条开放学术信息和完成 54 亿个大学许可证；在教育创新中持续发展 ICT；通过 ICT 实现定制教育服务；构建数字分享教育信息基础设施。

通过 SMART 系统为每一位教师和学生提供所需的打破时间和地点限制的学习资料和教育，构建教育云服务平台和公共教育资源环境，开发基于云服务平台的数字化教学资源，包括电子课本、数字教材、网络课堂、在线评价系统和应用程序等，通过公共机构和云计算环境提供公众学习资源和协作学习环境，强调 3R 素养（阅读、算术和写作），以及适应 21 世纪信息社会所需的 7C 素养（批判性思维与问题解决能力、创造与创新能力、协作与领导能力、跨文化理解能力、沟通能力、信息与信息技术素养能力、职业与生活技能）等❸ ❹。

❶　Ministry of Education, Korea Education and Research Information Service（KERIS）. 2018 white paper on ICT in education Korea[R]. https://www.keris.or.kr/main/cf/fileDownload.do? fileKey= 49add0c26539f-68b177a706b01f426c7.

❷　LEEM J H, SUNG E M. Teachers' beliefs and technology acceptance concerning smart mobile devices for SMART education in South Korea[J]. British Journal of Educational Technology, 2018,(3):1-13.

❸　Ministry of Education, Korea Education and Research Information Service（KERIS）. 2011 white paper on ICT in Education Korea[R]. https://www.keris.or.kr/main/cf/fileDownload.do? fileKey=7e66601dd72d0c46 3829f131a2633608.

❹　胡月，张哲，张海，等. 韩国教育信息化 SMART 阶段发展动向与经验 [J]. 中国信息技术教育，2015(Z1):183-184.

（二）日本教育信息资源建设及应用

日本是教育信息资源建设与应用均值化的代表，由国家规划，通过项目，政府机构与企业合作，先行试点，以点带面，逐步推进教育信息资源的建设与应用。

1. 信息化战略促进信息资源建设与应用

出台教育信息政策、发布信息化战略，明确教育信息发展的目标和任务。日本教育信息化起步于 20 世纪 80 年，早在 1985 年，日本临时教育审议会和教育课程审议会就针对"信息化社会进程中教育发展方向"进行专业调研，阐明培养学生信息能力的必要性和重要性，明确日本 21 世纪信息技术教育的发展方向。1992 年日本文部省提出要积极将计算机设施、多媒体教学手段等应用于教育教学。自 1994 年陆续颁布相关政策措施，实施教育信息化，推动各教学机构普及信息化教学方法和教学手段，使用多媒体教育信息资源、软件开展教学活动❶。充分利用互联网和卫星电视开展远程教育，利用校园网，通过计算机让学生足不出户学习相关课程，学生通过校园网可以共享教师的教学计划、教材讲义和科研成果等，公开教师讲座，免费向社会开放等。

1999 年日本颁布"新千年计划"（教育信息化实施计划），明确提出到 2001 年实现所有日本中小学都能接入互联网，到 2005 年所有学年课程的教学都使用计算机❷。之后陆续发布"IT 国家基本战略""IT 改革战略""日本再兴战略""世界最先进 IT 国家宣言""教育信息化加速计划"等战略和规划。

2001 年日本制定"IT 国家基本战略"，并在此基础上制定和实施"e-Japan"战略，提出日本信息化远景目标，要让每一个人都能够接受不受时间、地点、身体、经济等条件制约的高水平教育，须完备国家信息基础设施环境，到 2005 年须建成有 3000 万宽带家庭用户和 1000 万超宽带

❶ 王玉珊 . 日本教育信息化发展及其启示 [J]. 东北财经大学学报 , 2012,（03）: 83-86.
❷ 王保中 , 黄松爱 . 日本基础教育信息化：当前的举措与成果 [J]. 外国教育研究 , 2006,（05）: 46-51.

（30 ～ 100Mbps）家庭用户的互联网络，构建一个从家庭、学校到政府，从核心干道到偏远地区的网络环境，实现公立学校的所有教室都配备计算机，所有中小学的各科教学能够使用计算机进行教学，实现学习资源数字化，彻底改革教学方法、教学管理和学习方式；完善 IT 教材，鼓励培养高级 IT 人才，在中小学增设"信息"课程，全民学习 IT 知识，培养国民信息素养，提高利用 IT 提高国民创造力和理性思考的能力。中小学信息基础设施采取租赁和购买两种方式进行配置，而小学和初中更多采取租赁的方式，如小学计算机配置采取租赁和购买的比例分别为 72.4% 和 22.8%，初中分别为 74.8% 和 21.1%，高中为 44.2% 和 52.6%。2005 年日本信息化教育已取得不小的成绩，中小学生机比已达 7.6：1，其中小学为 9.6：1，初中为 6.9：1，高中为 5.5：1。教学中已有 37% 的中小学使用移动计算机进行教学，其中小学为 40.3%，初中为 35.3%，高中为 35.1%。中小学已基本接入互联网，接入宽带网络的学校也达 84%，其中接入宽带网络的小学比例为 81%，初中 85.1%，高中为 96.2%。普通教室网络接入率为 48.8%，其中小学为 41.9%，初中为 45.8%，高中为 74.3% ❶ 。

　　2006 年日本制定"IT 改革战略"，发布新的信息化战略"u-Japan"，提出到 2010 年建设一个适合人们、吸引人们使用网络的泛在网络社会，图书馆信息化，为教学科研提供丰富的信息资源，任何人、任何时间、任何地点都能使用高速宽带网络，使网络资源得到充分利用，通过 ICT 解决 21 世纪面临的问题。到 2010 年实现所有教室都接入高速网络（30Mbps 以上），所有教师拥有专业计算机，生机比达到 3.6：1，完善教育信息化环境。截至 2009 年已有 52% 的教师能够熟练使用计算机，拥有专业计算机的教师比例为 61.6%，中小学生机比为 7.2：1，60.5% 的普通学校已接入宽带网络（30Mbps 以上）。

　　"i-Japan"提出发展数字化社会，2015 年实现在教学中灵活应用信息技术，提升中小学生的学习欲望、学习能力以及信息技术应用能力。2013 年

❶ 黄松爱，唐文和，董玉琦．日本基础教育信息化最新进展述评 [J]．中国电化教育，2006，(08)：89-93.

日本"再兴战略"提出，2020 年实现新型学习，达到人手一台学习终端，实施教材数字化、远程教育和双向教育等❶。在日本教育信息化国家战略中提出，2020 年实现 3.6∶1 的生机比，1∶1 的师机比，为所有教室配备实物投影、电子白板，并接入高速宽带网络和无线网络，在教育教学中全面应用教育云服务和信息通信技术❷。

2. 政府主导投资完善信息化应用环境

实施政府投资主导与统筹，学校、企业、民间参与的资源建设模式。为实现"日本再兴战略"、"世界最先进 IT 国家宣言"等战略，日本文部科学省在 2014 年和 2015 年分别投资 1.2 亿和 1.1 亿日元实施"先导性教育体制构筑事业"项目，通过教育云实现学校间、家校间的无缝连接；分别投入 2.9 亿和 1.2 亿日元实施"充分利用信息通信技术振兴教育事业"项目，开发 ICT 应用效果验证方法。总务省在 2014 年和 2015 年分别投入 5.5 亿和 1.1 亿日元实施"先导性教育系统实证事业"项目，推进信息通信技术在全国教育领域的应用，同时加强与企业和民间的合作，利用企业在资金和技术方面的优势，开发教育信息资源，如与日本软银、微软等公司合作开发电子教材、数字化课本、教学软件等❸❹。2016 年在"日本 1 亿日元总投资计划"中提出，实现 1 人 1 台计算机的目标。基于"面向教育 IT 化的环境建设 4 年计划"，在 2014 至 2017 年间，每年分别投资 1678 亿日元完善教育信息化应用环境，截至 2017 年，全国中小学生机比已达 6.2∶1，师机比为 1∶1.16，所有学校都接入互联网，其中接入高速宽带网络（网速超过 30Mbps）的学校为 84.2%，普通教室接入互联网的比例为 87.7%，78% 的普通教室配备了

❶　文部科学省. 教育の情報化についてー現状と課題 [EB/OL].[2018-08-24]. http://www. mext.go.jp/component/a_menu/education/micro_detail/_icsFiles/afieldfile/2016/10/13/1376818_1.pdf.

❷　张海，李哲，前迫孝宪，等. 日本教育技术研究的沿革、现状与未来——访日本教育工学会会长铃木克明教授 [J]. 现代教育技术，2017, 27（12）：5-11.

❸　张鹤. 日本教育信息化概览 [J]. 世界教育信息，2012, 25（09）：46-50.

❹　荣喜朝. 日本基础教育信息化推进策略及启示 [J]. 教学与管理，2017,（22）：80-82.

交互式电子白板。中小学信息基础设施建设情况如表 6-7 所示❶ ❷，义务教育生机比为 4.8∶1，而非义务教育小学最低，也达 6.4∶1；在义务教育学校中，师机比已达为 1∶1.26，即每位教师拥有 1.26 台计算机，接入互联网的普通教室比例已接近 90%，接入无线网络的普通教室超过 60%，超过 80% 的普通教室配备电子白板，网络速度超过 100Mbps 的学校超过 60%，教育信息化应用环境的建设已处于较高水平。

表 6-7　2017 年日本中小学信息基础设施建设情况

指标	小学	初中	高中	义务教育学校
生机比	6.4:1	5.5:1	4.6:1	4.8:1
师机比	1:1.17	1:1.17	1:1.34	1:1.26
普通教室无线网接入率 /%	37.2	35.2	22.5	60.4
普通教室校园网接入率 /%	89.3	88.4	94.7	88.3
普通教室配备电子白板的比例 /%	28.2	32.4	20.1	81.1
30M 以上网络接入率 /%	91.2	91.2	95.7	89.1
100M 以上网络接入率 /%	61.3	61.1	75.8	65.2

3. 资源建设与应用均值化

先行试点，多方参与合作建设，以点带面，逐步扩大应用范围。通过"先导性教育系统实证事业""ICT 梦想学校"等项目构建教育云平台，建设教育教学信息资源和开放教育数据库；通过"未来学校推进事业""学习革命事业"等项目完善信息应用环境，开发电子教材，进行教学应用。加强学校和社会、国内外企业的合作，开发和完善教学资源和实践案例等教育信息资源，研究制定教育信息资源建设技术标准，规范教育信息资源建设，促使教育信息资源的建设与应用从封闭的学校环境向开放的外部社会环境

❶　日本文部科学省.平成29年度学校における教育の情報化の実態等に関する調査結果（概要）[EB/OL].［2022-12-09］.https://www.mext.go.jp/a_menu/shotou/zyouhou/ detail/1408157.
❷　王秋爽，邹密，姜巧.日本教育信息化建设新举措——基于对日本国家政策方针的分析 [J]. 外国教育研究，2020, 47（08）: 54-69.

转变❶。同时，成立教育资源国家信息中心（National Information Center for Educational Resources，NICER）收集、开发、整理符合日本国家标准与各学科教材配套的教育信息资源❷。

作为主要的政策之一，日本自 2009 年开始电子化教科书，在中小学开始实验并逐步推广"电子黑板"，通过"电子黑板"投影教科书内容，实现教育方式变革。2009 年总务大臣提出"原口设想"，计划到 2015 年为全国中小学配备电子教科书和 2020 年在全国开展未来学校项目。2010 年总务省在 10 所小学开展每人配备一台平板电脑的"未来学校推进教育"实证研究以及进行"地区就业创造 ICT 纽带项目"（教育信息化项目），对全国 46 所小学进行补助。之后文部省和总务省共同开展"学习创新事业"实证研究，支持教师开发电子教材。考虑到电子教材的教学效果和图书电子化的趋势，文部省对制度在内的教育政策进行探讨。2010 年 12 月包括日本化学学会在内的 8 家数理科学学会发表了"推动电子教科书清单的意见和期望"，该意见指出电子教材虽然是一种教育手段，但它是提升教育的必要条件。之后，日本电子教科书协会提出"电子教科书法""普及电子教科书应采取的财政措施""教育信息化综合计划"和"国家教育信息化中心提案""普及电子教科书应采取的财政措施"等提案，将电子教科书纳入教科书体系，以立法的形式赋予电子教科书与纸质教科书同等作用，每年补助 2000 亿日元用于普及电子教科书，提供 2100 亿日元以实现 2015 年向全体学生发放电子教科书终端，积极推动电子教科书的建设与普及工作❸。

除建设电子教科书外，还不断建设和完善其他教育信息资源，鼓励教师在教学和研究中使用数字化信息资源，鼓励学生通过互联网利用数字化信息资源进行探索和学习。

❶ 张玮，李哲，奥林泰一郎，等 . 日本教育信息化政策分析及其对中国的启示 [J]. 现代教育技术 ,2017,27(03):5-12.

❷ 罗明东，和学仁 . 发达国家基础教育信息化发展策略之比较 [J]. 学术探索 , 2008,（06）: 124-129.

❸ 曹磊 . 日本电子教科书的发展趋势 [J]. 出版参考 , 2012,（27）: 45.

4. 提升师生信息素养能力

文部科学省通过相关法规，不断更新和完善教师和学生信息技术能力标准，以提高教师 ICT 能力以及学生实际学习能力。对教师建立严格的 ICT 技术能力考核标准，促使教师在校内自主研修和在岗培训提高 ICT 应用能力，如 2015 年日本全国超 30 万、占 34.7% 的中小学教师接受信息技术应用培训。为提高学生利用信息技术进行学习活动的能力，从小学阶段开设信息技术必修课，使学生能够通过移动平台、无线网络以及学习终端获得教育信息资源，利用学习终端通过电子教材、电子辅助资料、在线练习、在线答疑等进行个别化学习❶。

根据中小学新的指导纲要，除完善信息化应用环境外，还通过相应的法律法规，强化中小学生的信息技术能力培养，以加强信息技术在教学和学习中的应用。2017 年，日本文部科学省制定新的中小学学习指导纲要，2019 年出台"支持新时代学习的先进技术运用推进策略""学校教育信息化推进法"等，要求根据各学科特点，培养中小学生的信息应用能力；根据学生自身的特点和实际情况，在教学和学习活动中给予学生充分的指导和辅助，发挥信息技术在教学、学习、教学改革中的作用❷。

在 Society 5.0 时代，信息和信息技术将成为每一个人工作、生活和学习的有机组成部分，新技术实现了有关学情的数据收集和过程的可视化❸，针对学习过程的分析、诊断、评价比以往更容易，数据更翔实，学生在基于资源的个性化学习中，不仅要学会如何使用数字化资源，如数字教材、智能化的学习软件，还应该了解如何进行基于数据的自我评价。因此，面对 Society 5.0 的挑战，需要进一步提高教师和学生的信息素养能力，对师生进行包括信息目标、信息素养构成、内容等在内的信息素养教育，具备适应 Society 5.0 要求的信息技术应用、信息收集、数据分析、批判、创造、合

---

❶ 方佳诚. 中日基础教育信息化的比较研究 [J]. 中小学教师培训，2018，(05)：68-73.

❷ 王秋爽，邹密，姜巧. 日本教育信息化建设新举措——基于对日本国家政策方针的分析 [J]. 外国教育研究，2020，47 (08)：54-69.

❸ 边家胜，董玉琦. Society 5.0 时代日本教育信息化的变革与借鉴 [J]. 远程教育杂志，2020，38 (06)：32-40.

作、沟通、能动的意识和能力。

5. 完善信息化建设相关法律

为学生创造一个良好的学习环境，使学生获得适合自己的、有效的教育，2019 年 6 月日本颁布并实施《学校教育信息化推进法》，明确国家和地方共同推进全面的有计划的学校教育信息化建设，要求在学校课程教学、信息化教育和事务处理等方面应用信息通信技术。一是通过信息通信技术开展适合儿童能力及其个性需求的互动型教育；二是通过数字教材采取多种学习途径促进学生学习；三是学生无论身处何地、身体状况如何都可以享受学校教育信息化带来的益处；四是通过信息通信技术提高学校事务处理效率，改善教育质量等。

为推进"学校教育信息化推进法"，特制定以下措施：开发并普及数字教材、重新评估教科书制度、确保学生受教育机会、为特殊儿童创造良好的教育环境、为学校构建良好的信息通信技术应用环境、提高学校教职员工素养、为教师利用信息通信技术提供支持；推动有关数字教材、信息通信技术应用调查研究等❶。

（三）新加坡教育信息资源建设及应用

新加坡是宽带网络、信息资源建设、教育信息化和教育比较发达的岛国。通过学习空间，为学生提供丰富的数字化学习资源，学生自由规划学习时间，实施自主化学习❷。

1. 通过发展规划推进教育与技术深度融合

1980 年新加坡提出"国家电脑化计划"，要求在政府机关、教育、企业、商业、工厂等领域推广使用计算机，期间新加坡政府制订了"国家计算机化计划"和"国家 IT 计划"两个五年规划，成立国家计算机化委员会和国家

---

❶ 陈晓婷 . 日本实施教育信息化相关法律 [J]. 世界教育信息 , 2019, 32（17）：78-79.

❷ 马娜 . 新加坡教育信息化实施现状整理与分析 [A]. 社会发展论丛（第一卷）[C]. 重庆市鼎耘文化传播有限公司 , 2018: 2.

电脑局，推动和普及计算机应用，加速信息化进程。经过 10 年实施，新加坡所有机构都实现了电脑化。在过去 10 年建设的基础上，1991 年新加坡政府制定了信息化第二个十年战略规划"国家科技计划"，要求在 1991 年至 2000 年间，在行政和技术层面解决信息互联互通和信息数据共享问题，把信息共享从政府层面扩展到全社会各个行业，消除"信息孤岛"。

1992 年制订并实施"IT 2000 计划"，计划用 10 时间建设高速宽带网络，普及信息技术，让所有公民无论在何时、何地都能获得 IT 服务。从 1997 年开始，新加坡共发布了四个"国家基础教育信息化总体规划"（Master Plan）❶。通过四期教育信息化规划的实施，使得高速宽带多媒体网络（Singapore ONE）覆盖全新加坡全境，为企业和社会公众提供全天候的网络接入服务，也促使教育与信息技术深度融合。

1997 年发布一期"国家基础教育信息化总体规划"，强调国家信息基础建设，计划投资 20 亿新元以及每年增加 6 亿新元经常性开支，配置计算机、建设提升互联网、开发数字化教材和教学软件以及对教师进行信息技术能力培训等，构建教育资源网络，为学习者提供数字化学习资源。教师利用 ICT 与校外或者世界各地的同行进行交流与合作，共享丰富的教育信息资源，改革教学过程，推动教育创新。

2003 年发布二期"国家基础教育信息化总体规划"，进一步完善信息基础设施建设，学生能够有效利用 ICT 进行自主学习，教师有效利用 ICT 促进专业发展，强调信息技术与教育融合，要求由教育部组织开发丰富的教育信息资源，成立 Edumall 部门规划、建设和管理教育信息资源，实现校际间资源共享，使所有教师在课堂教学中都能够使用信息资源，通过信息网络构建灵活的以学习者为中心的学习环境，提供满足学习所学的信息资源和条件，提高学生解决问题的能力。自 2006 年 6 月起，新加坡启动了第 6 个信息化产业十年规划"智慧国 2015"（IN2015），计划通过利用信息与网络科技提升金融服务、数码媒体与娱乐、电子政府、教育与学习、制造与后勤、

❶ 柴金焕 . 新加坡教育信息化发展战略研究与启示 [J]. 中国教育技术装备 , 2020,（02）: 134-136.

保健与生物医药科学、旅游与零售等七大经济领域。截至 2008 年所有小学生机比已达 6.5∶1，初中和高中生机比达 4∶1，67% 的教师已经在教学中应用 ICT 和信息资源，促进了课堂教学变革，使学生获得了更好的学习体验。

2009 年发布三期"国家基础教育信息化总体规划"，强调构建多元化学习环境的构建，通过 ICT 培养学生自主学习能力和协作学习能力，并具备在未来社会中获得成功的能力和品质。进一步完善信息基础设施建设，进一步完善 ICT 在课程、教学、评估中的作用，为教师的教学和学生的学习创造条件，引导教师在教学中使用 ICT，确保学生能随时随地的进行学习。到 2014 年，新加坡大多数教师不仅能熟练地将 ICT 运用到教学中，提高教学质量，还能为学生提供更多的 ICT 实践案例❶。

2015 年发布四期"国家基础教育信息化总体规划"，强调培养未来数字化学习者，具备数字化学习理念、习惯，能够使用数字化工具和使用数字资源直面未来的挑战。通过进一步利用 ICT，加快从理论知识到教学实践的转变，提高教师在教学中应用 ICT 的能力，培养学生的创新意识和终身学习能力，使其能够适应数字化学习，提高学习效率。

通过 2006 年"智能国 2015 计划"的实施，通过 10 年的信息化发展，实现新加坡成为智能国家和全球都市的远景，至少 90% 的家庭能够使用宽带网络，有学龄儿童的家庭电脑普及率超过 10%，利用大数据、云计算、物联网和智能终端收集、分析数据，提升数字媒体与娱乐、教育培训、电子政府、金融服务、旅游零售等 9 大经济领域的发展水平，最终建成智能型国家❷❸。目前，新加坡"智慧国家 2025"十年规划已在路上，它是全球首个智慧国家蓝图，重点在于信息整合，通过数据共享，帮助人们实现更为科学的决策，实现从"智能"到"智慧"的全新跨越。

❶ 柴金焕.新加坡教育信息化发展战略研究与启示 [J].中国教育技术装备 ,2020,（02）:134-136.

❷ 王攀花,张肖.新加坡与中国的基础教育信息化比较研究 [J].软件导刊（教育技术）,2013,12（07）:6-8.

❸ 闵琳芝,李明珠.新加坡大数据变革经验对我国教育变革的启示 [J].湖北社会科学 ,2018,（07）:173-178.

2. 设立专门机构负责教育信息资源开发与建设

为满足学习者的不同学习需要，专门设立教育信息服务中心，负责教育信息资源开发与建设，完善多媒体教育信息资源库，为教师提供培训和服务。通过信息技术为教师提供课程设计，帮助教师获取数字化资源；优化校内和校外学习环境，为学生提供学习资源，通过课程、教学资源促进信息技术与教育的有机结合。

3. 升级信息资源共享通道

升级信息化网络，实现所有学校接入高速宽带网络，确保教师、学生能够在教室、图书馆等学习场所获得丰富的教育信息资源，学校与学校之间实现最大限度的资源共享❶。

三、教育信息资源配置经验及启示

（一）从国家层面规划和完善信息资源建设

政府主导，统一规划和协调教育信息资源开发与建设工作，把教育信息化作为国家核心战略实施，从国家层面出台确保教育信息化发展的政策、措施，构建全面而完善的信息基础设施，推进教育信息化的可持续发展，确保教育信息资源具备在教育教学中得到充分应用与共享的必要条件。引入社会力量，多渠道筹措资金，鼓励企业和个人积极投身于教育信息化建设与教育信息资源开发，共同建设满足于不同学习者需求的教育信息资源。构筑国家级综合信息资源服务和管理平台，实现教育信息资源管理信息化和现代化，为师生免费提供信息资源，定期更新、扩充教育信息资源，并提供人性化的服务。

（二）以学习为中心构建数字化学习环境

面向学习者，以学习为中心设计、开发与建设教育信息资源，构建适

---

❶ 叶晓晨. 新加坡基础教育信息化发展战略及其启示 [J]. 教学与管理，2018,（16）：82-84.

合不同学习者需求的信息资源库。扩大教育信息资源使用范畴，通过随处可以获得的教育信息资源，打破家庭、社会与学校之间的藩篱，构建全视觉数字化学习环境，使教育不再局限于学校教育，学习不再局限于学校的正式学习，而是发生在我们生活的任何情境和场所，通过丰富的教育信息资源，方便快捷的访问途径，在任何时间、任何地点都能获得与学校一样的教育和学习。

（三）制定统一的教育信息资源标准

制定教育信息资源建设标准，完善教育信息资源的评价指标体系，构建教育信息资源共建共享机制，促进资源的设计与开发，提高教育信息资源的质量。同时通过标准化的建设，用技术创新教育评价，利用基于大数据的学习分析工具和技术，改变教学评价的模式、方式和内容，使教学评价更多关注学习者的学习过程和学习资源的评价。

（四）完善信息资源应用环境

强化信息基础设施建设，提高信息网络接入速度，构建城乡无差别信息化学习生态系统，让所有地区都能接入高速宽带互联网，人人都能通过高速宽带互联网络共享教育信息资源；完善校园网建设，为教师和学生免费提供教学和学习所需的信息技术设备和学习终端，构建人人都可获得的学习终端和资源应用环境，强化教育信息资源的应用。

（五）构建资源建设保障体系

成立专门机构负责教育信息资源建设与评价，健全信息资源设计、开发、建设、管理与应用保障体系，从制度上保障教育信息资源供给，完备数字化教育信息资源建设。划拨教育信息化和教育信息资源建设专项经费，保障信息化建设和教育信息资源开发经费投入，以项目的形式开发与师生需求配套的信息资源，包括电子教材、教育教学信息素材、案例与课件等。

（六）提高师生信息技术应用能力

注重教师专业发展与信息技术能力的培训与提高，只有教师具备相应的信息素养和信息技术应用能力，才能更新教育观念和教学方法，利用现代教育思想和技术武装自己，利用先进的信息技术、手段、方法和丰富的教育信息资源，推动教育教学模式的改革与创新。开设信息技术必修课，提高学生信息技术技能，让学生能够利用信息技术和数字化信息资源促进个性化的学习，以及进行基于资源的学习，提高信息资源的利用效率。

第七章

教育信息资源协同
配置模式与机制

教育信息资源均衡配置的基本原则是把教育信息资源配置作为教育信息化发展的首要工作,从资金、人力和物力等方面优化配置,实现不同地区间教育信息资源均衡发展,缩小区域间特别是城镇与农村、欠发达地区与发达地区学校间的差距,促进欠发达地区、农村地区义务教育健康和快速发展。借鉴国外教育信息资源配置的经验,在对国内有关教育信息资源配置进行研究的基础上,针对西部欠发达地区义务教育信息资源配置中存在的问题,我们应该通过合理的配置机制和模式,不仅要着眼于"物""资源本身"的建设,还应重点考虑人的因素,赋予更多人性化的元素,融入全民学习、全民教育以及终身教育的理念,从学习者的角度出发,建设高质量的教育信息资源。考虑地区差异化的需求,还须融入本地元素,保持资源的原有含义,特别是补充建设能够反映地方历史、特色民俗、文化特征的本地资源,实现起点公平和资源公平。另外,为提高信息资源的利用率,让教育信息资源配置产生效益,还须进一步提高农村中小学师生的信息素养能力。

一、创新教育信息资源协同配置模式

　　通过前面的分析可知,区域间经济、社会、教育、技术等发展不同,地区差异形成信息鸿沟,一个个信息孤岛限制了教育信息资源的联通与共享。

　　在区域内部,受地理空间限制,经济发展、传统观念、居民文化素养和信息素养等因素影响,城镇发展较快,而农村发展较慢,导致城乡差距越来越大,形成"马太效应",特别是西部欠发达地区尤为突出。越发达的城镇，教育信息资源越丰富，越落后的农村，教育信息资源越匮乏，带来更大的不公平。因此，急需创新优化西部欠发达地区城乡义务教育信息资源配置。

考虑时间、空间、基础条件限制，资源配置需从时间、空间、资源量三个维度进行优化，配置模型如图 7-1 所示。资源使用主体处于中心位置，处于外围的所有资源和服务围绕主体的需要进行构建，通过信息技术实现在给定的时空范围内对有限的信息资源和服务进行选择、匹配与重组，提高资源和服务的质量，最大限度地满足师生教育教学和学习需求，提高教育信息资源的效用。

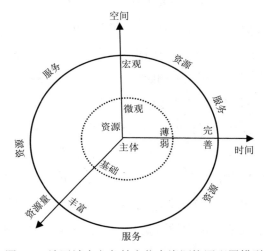

图 7-1　地区城乡义务教育信息资源协同配置模型

（一）突出资源主体地位

教育信息资源的开发、传递、分配、共享、利用是一个复杂的过程，它涉及多方利益，不仅有资源投资建设的主体，包括企业、政府、个人等，还有资源使用主体，包括学校、教师、学生等。资源配置平衡各利益主体间的关系，使各方利益均衡化，实现"帕累托最优原则"。当资源配置处于帕累托最优状态下，任何一个变量的变化都不可能使某个人的状态变好，也不可能使某个人的状况变坏，这已成为衡量和评价教育信息资源配置优劣的一个重要标准。

资源优化配置就是通过机构协同、信息协同和技术协同，围绕资源主体，面向需求，实现资源配置决策最优、管理最优和资源的有效应用，如图7-2 所示。

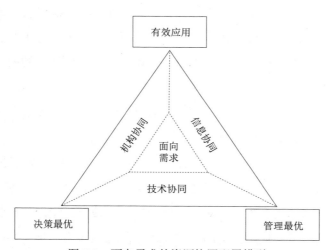

图 7-2　面向需求的资源协同配置模型

机构协同就是，配置需要适应新形势、市场化、决策迅速以及机构内部和外部自由交流的需要，以资源有效应用为目的，通过宏观、微观政策实现各级机构之间的自我完善、自我发展和协同配合。

信息协同就是，一方面，通过科学的资源管理策略，实现资源供给与资源使用主体需求信息的完全配对，提高资源的有效性；另一方面，基于用户需求信息，通过智能化的管理策略向资源使用主体推送其所需资源，提高资源的使用效率。

技术协同就是，引入新技术，不仅把微观和宏观决策变现，还对资源进行重新设计、开发、应用，并进行科学化的管理与评价，以满足资源使用主体的需求。

资源主体需求主要有三类，一是教育行政主管部门用户群，即教育信息资源需符合党和国家大政方针、政策以及教育现代化发展的需要；二是学校用户群，即教育信息资源须符合学科基础理论知识和学科发展的需要；三是教育研究群体，即教育信息资源须满足教育教学理论研究和实践的需要。

（二）宏观和微观协调配合

从宏观层面来看，资源配置就是国家有关部门通过制定信息资源开发战略、规划、方针、政策、标准等完善、组织和协同资源供给。通常，资源宏观配置主要由政府通过行政手段和财政政策调控，使政府由配置主体变为宏观调控的主导者。如运用财政手段，协调各部门、各级机构的信息资源生产、加工、利用、共享等活动，降低信息资源开发和使用成本；通过法律法规明确各部门、各级机构的职责和权利，打通信息资源来源、获取传输通道，促进信息资源的充分共享等。

根据经济学原理，公共产品由政府提供和调配。市场调节虽然可以满足人们对资源的更高需求，但资源配置更需要考虑教育信息资源本身具有的公共产品性质，满足多数个体对信息资源的基本需求，特别是低收入和欠发达地区教育信息资源使用主体的基本需求。因此，作为一种公共产品，义务教育信息资源需要依靠政府调配和提供。

应着眼于全国和区域多数用户的基本需求，通过行政手段和政策调控，重点照顾欠发达地区用户的需求，加大财政投入，加快数字校园、智慧校园建设，从国家层面构建数字化教育信息资源公共服务体系，使教育信息资源通过专门的信息资源平台、网络教学平台和信息资源管理平台等实现互联互通互享，如通过国家教育信息资源公共服务平台与省级教育信息资源公共服务平台连接，把信息资源的应用延伸至边远的农村地区，促使教育信息资源从"转向服务"向"大资源服务"转变，向接入宽带互联网的农村中小学校、教学点推送全国优质教育信息资源，实现农村中小学校师生也能够共享发达地区的教育信息资源，有效支撑农村中小学师生开展信息化教学和数字化学习，推进欠发达地区"平台＋教育"服务模式的发展。调控的主要方式有以下四种。

一是统一资源建设标准。资源标准不统一，阻碍信息传输与共享，形成一座座信息孤岛，无法发挥资源的效益和作用。因此，应从国家层面，组织专家完善和更新信息资源建设技术标准，构建统一的资源共享平台，打通资源共享通道，促进资源的快速传播和共享。在资源建设过程中，严格按照教育信息资源建设技术规范的要求，开发统一、规范的教育信息资源，包括文本资料的字体、字形、字号等属性，图像资料的格式、分辨率、大小等属性，视频资料的格式、长短、大小、分辨率等属性，动画资料的风格、分辨率、运行环境等属性，程序资料的运行环境、语言要求等属性，都必须符合资源建设技术规范的要求，不仅易于传输和共享，也易于建设与和管理。

二是调整财政投入倾向。由于西部欠发达地区社会经济发展相对落后，乡镇一级财政收入有限，主要靠中央财政转移支付维持教育的基本运行，地方政府很难投入过多的资金建设教育信息化，致使信息基础设施落后和信息资源严重匮乏，随着经济社会的发展，东西部间、城乡间教育信息资源建设差距可能会越来越大，越来越失衡。因此，需加大中央财政对欠发达地区、西部农村地区教育的投入，并设立教育信息资源建设与共享专项经费，支持欠发达地区、西部农村地区教育信息化建设，包括信息网络、信息设备等硬件资源和适合西部农村地区教育教学所需软件资源建设，实现东部与西部地区、城市与农村间教育信息资源均衡发展。

三是提高现有资源共享效率。资源开发是一项耗钱、耗时、耗力的系统性工程，开发建设新资源的同时，更需要利用好现有资源，发挥资源效益。因此，要通过宏观调控政策和手段，对不同地区、不同学校间以及地区内部各组织间的教育信息存量进行调剂、整合，提高资源利用率。

四是合理规划布局新资源建设。为避免新建资源的浪费，以及形成新的区域间不均衡发展状况，行政主管部门需要对新建资源进行系统、科学的分析，结合不同地区的特点和特色，系统考虑资源类型、内容、学科和地区的特殊需求，构建科学、适用的信息资源，提高资源的辐射作用和易传递性，使新建资源不仅能满足发达地区、重点学校的需要，还能满足欠发达地区、西部农村地区教育教学的需要，辐射更广的区域，服务更多的对象。

从微观层面来看，资源开发受利益导向驱使，未考虑用户的实际需求，导致供给与需求错位，一方面资源供给不足，另一方面又存在资源浪费现象严重。因此，完善资源配置，需要重视供给与需求的矛盾，加大教育信息资源供给侧结构性改革。

联合国教科文组织 2012 年在《巴黎开放教育资源宣言》（*The Paris OER Declaration*）中也提出，应该鼓励使用各种语言开发适于各种文化背景的开放式教育资源，拓展信息资源使用的宽度和广度，让更多的用户也能共享开放的信息资源，享有公平接受教育的权力❶。因此，应该加快完善中小学教育信息资源服务体系，完善校园建设，构建地区教育信息资源库，发挥学校和教师的主体作用，强化"一师一优课、一课一名师"工作，开发适合本地区师生所需求的双语教育资源，充实和丰富本地区校本资源，为西部欠发达地区农村中小学提供优秀网络课程、名师授课等优质资源和服务，促进信息技术与本地课程资源的深入融合。

改革资源管理方式，提高资源微观供给的质量与效率，提升个体资源供给的能动性和创新性。根据用户需要，基层部门应确定信息检索、加工、处理、存储、传递的方法，构建组织和机构内部信息共享机制，完善鼓励、奖励等激励机制，合理组织协调信息资源主体，包括教师、程序设计人员、学科教学专家等人员，设计、开发、利用、管理、共享信息资源。

（三）逐层推进信息资源建设

时间维度上，结合实际，立足当前，着眼大局，突破矛盾，在解决问题中实现发展和逐步完善，保障人、财、物的投入和有效利用，政府统筹引导，鼓励多方参与，发挥市场调节作用，先解决"有"和"薄弱"的问题，再图"发展"，解决"丰富"和智能化问题，通过科学的规划和有序的计划，分层、分批实现教育信息资源的可持续发展，形成体系完备、资源丰富、结构完善的智慧教育信息资源库。

首先，逐步完善西部欠发达地区城乡义务教育信息资源应用环境。结

---

❶ UNESCO.2012 Paris ORE declaration [R]. [2019-05-12]. http://www.unesco.org/new/ fileadmin/MUL-TIMEDIA/HQ/CI/WPFD2009/English_Declaration.html.

合"宽带中国"专项计划，调整教育信息化建设资金用途，尽量向欠发达地区农村中小学倾斜，采取包括PPP、金融贷款等多种融资方式，推动教育信息化建设作为办学的基本条件纳入"全面薄改项目"，加快欠发达地区农村义务教育薄弱学校网络条件下基本教学环境建设。改善没有接入互联网和网速低于10Mbps的中小学和教学点的网络接入条件，构建全覆盖、高速、具有专用通道的校园网络，进一步强化农村中小学、教学点优质资源"班班通"和宽带网络"校校通"建设，具备万兆主干、千兆进校、百兆到班，让所有学校、所有教室都能接入高速宽带互联网。为所有教室配备电子白板和计算机，以及按教育信息化建设的基本要求，为西部欠发达地区农村中小学师生配备计算机等信息终端，进一步缩小区域、城乡和校际间的差距，让优质教育信息资源能够覆盖所有农村中小学和教学点。

其次是政企合作，完善信息资源建设。政府教育部门主导，充分利用企业在资金、技术上的优势，政企协同开发、完善义务教育信息资源建设；强化少数民族双语教学资源的设计，组织农村中小学教师开发和完善校本资源；以用促建，提高现有信息资源的利用率。

再次，构建智慧资源网络体系。建设区域教育专网以及教育大数据库，推动智慧校园建设。依托互联网、物联网、云计算、移动终端等信息技术，自动向教育信息资源使用主体推介所需信息资源。

（四）通过共建互换共享模式丰富信息资源

既发挥政府公共服务部门的主导作用，也发挥企业投身于资源建设的积极性和奉献精神和教育教学人员的主动性，创新教育信息资源共建互换共享模式，加速资源的建设、流通与利用。

通过GUES协同创新模式，构建共建互换共享共同体提升教育信息资源供给能力。以政府（Government）政策、管理、引导为推手，中小学校（School）应用为依托，在高校（University）研究服务为指导下，利用企业（Enterprise）技术研发和资金支持，构建教育信息资源公共服务联盟，通过

"自上而下（供给）"和"自下而上（需求）"相结合围绕用户需求，由政府出资购买资源和服务，企业有偿授权转让资源，教育机构组织人员开发本地资源相结合的形式，丰富教育信息资源。

普及数字资源服务，打破区域间教育信息资源开发，利用存在的壁垒，为西部欠发达地区农村中小学师生提供包括优课、慕课、创课以及其他在线教育教学资源在内的海量教育信息资源。以"中心学校带教学点"向农村教学点推介优质教育信息资源，以"制度加技术"促进"一校带多点""一校带多校"，推进优质教育信息资源覆盖面。

加速推进西部欠发达地区中小学名师工作站、学校空间、教师空间、学生空间和家长空间建设，将网络空间与课堂教学、信息资源进行深度融合，通过网络教学空间进行教学和学习活动，把"人人通"扩展到所有教育教学过程，通过智慧网络，智能推送教育信息资源，凸显"一师一优课、一课一名师"的作用。

二、完善资源协同配置机制

教育信息资源的开发利用须与教育发展规律紧密联系在一起，满足各级教育对象的教学、学习、科研需求。宏观上，政府行政主管部门虽然把握教育信息资源的应用与发展规律，然而，宏观调控具有滞后性，很难反映教育信息资源的时新性与现实需要，教育信息资源的实际应用主要体现在微观层面，即学科教学课堂、教学科研、学习者的学习等需要，这是宏观调控难以解决的问题。

从教育信息资源配置经费分配来看，政府在教育信息资源配置中起决定性主导作用，经费的分配主要由各级教育行政主管部门决定，作为资源使用者的学校处于被支配的从属地位，资源开发、购买以及使用等方面，教育行政主管部门都具有绝对权威。因此，资源使用主体与资源配置主体存在分离，配置主体并未完全了解资源使用主体的实际需要，导致资源使用效率低，带来资源浪费。

传统资源计划配置无法形成竞争机制，难以实现资源的优化配置，通过市场配置，引入竞争机制，并通过市场调节补充政府行政部门在资源配置过程中存在的不足，突出价格和供求关系的作用，充分考虑资源的市场价值，使资源流向利用率较高的地区和学校，提高资源效益。市场调节通常与教育信息资源主体的需要联系更为紧密，教育信息资源的需求通过市场能够快速反映出来。利用市场的刺激和价值的重新分配，通过需求引导教育信息资源的开发，能够促使资源开发与利用形成一个统一的整体，使开发的教育信息资源更适合用户的需要。

不过市场调节配置也存在一些问题，如竞争加剧导致垄断，使教育信息资源失去公共产品的属性，不断增加的地区差异形成"马太效应"。相对而言，经济越发达的地区，教育资源越来越丰富；经济越落后的地区，教育信息资源也越来越匮乏。

教育有其自身的发展规律，教育的核心价值是关注人的发展，促进社会进步，人们通过接受教育，获得生存能力，减轻社会负担；同时，通过教育接受约定俗成的社会文化、道德和价值，融入社会，增强社会凝聚力，促进社会进步。教育属于非营利性行业，不可能完全产业化和私有化。因此，教育信息资源配置不能完全依赖市场调节，其开发、利用、建设还是要以非营利性、共享性为原则，提高资源使用主体的信息福利水平，体现资源应有的社会价值，弱化其商业价值。

因此，仅靠政府宏观调控，或者单靠市场调节是无法实现信息资源有效配置的。政府宏观调控和市场调节作用的领域不同，产生的效果也不同，应当把握政府宏观调控和市场调节的边界，扬长避短。所以，需要推进机制创新，在重视政府在资源配置中的主导作用时，还需要发挥市场的调节作用。以政府宏观调控为主，发挥政府在经费调控、管理体制、权益保护等方面的调节作用，围绕信息资源使用主体的需求，政企协同开发教育信息资源；引入市场机制，以市场配置调节为辅，实施商业化资源设计、开发运作模式，补充政府资源建设中的不足。充分发挥政府、教育机构和市场的协同配置作用，充分调动各方参与教育信息资源建设的积极性，通过政府部门、教育机构、企业和社会力量共同参与、共建优质、个性化的教育信息资源，如图 7-3 所示。

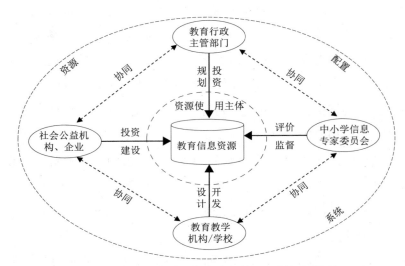

图 7-3 城乡义务教育信息资源协同配置机制模型

　　在协同配置机制中，政府部门、教育机构、社会企业、中小学教育信息化专家委员会各司其职，协同配合实现资源的调控、监督、建设、评价、管理与共享。在城乡义务教育信息资源协同配置机制中，政府规划、主导投资建设共性资源，市场参与建设推动个性资源发展，教育机构和学校组织教师开发校本资源，中小学教育信息化专家委员会进行资源筛选、审定以保障资源质量，教育信息资源使用主体（教师和学习者）通过教学服务信息平台在教育教学和学习过程中实现资源转化，产生效率。系统优化配置过程包括垂直配置和水平配置，垂直配置包括政府主导制定资源建设规划方案，提供建设资金，并协调各要素间的关系；教育机构组织开发优质资源，并通过教育信息资源共享服务平台把信息资源推送给资源使用主体；社会公益机构和企业按照信息资源建设技术规范的要求，投资建设公开授权的教育信息资源。水平配置主要是实现资源使用主体之间的资源互通与共享。

　　在市场竞争与激励机制作用下，利用市场的灵活性，充分发挥技术公司的技术储备和技术创新优势；通过宏观调控，发挥政府在资金和管理上的优势；突出应用，发挥学校在教学设计、教育教学内容、使用和反馈中的优势，以需求为驱动，构建政府主导，企业开发，主动服务的"区域内共建共享、区域间互换共享"模式，如图7-4所示。政府通过提供资金，购买企业服务，监督、引导公司开发、改进、完善信息资源；构建教育信息资源管理服务平台，为资源交易、用户管理、资源互换提供支持；激励用户、收集用户需求、监控信息资源开发与共享等，既保证资源建设质量，又保障资源的使用效率。

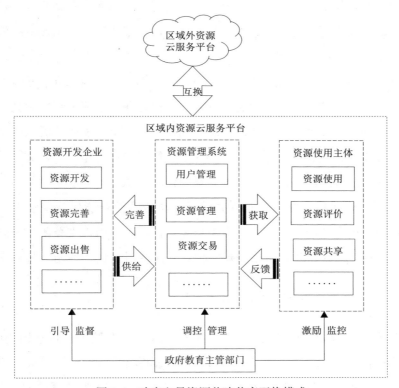

图 7-4 政府主导资源共建共享互换模式

（一）资源调控与管理机制

政府主管部门利用政策、法规、行政等手段对影响教育信息资源配置的要素实施调节和控制，平衡、优化各要素，促进教育信息资源合理、科学化配置。

189

第一，科学管理、合理分配政府投入的教育信息化建设资金，并设立欠发达地区义务教育信息资源建设专项基金，支持欠发达地区农村义务教育信息资源设计、开发、应用与共享，解决投入不足问题。

第二，设立中小学教育信息化专门机构或强化中央电教馆、省级电教馆、县级和学校电教室的功能和作用，促进教育信息资源的规划、投资与建设，解决目前中央、地方电教馆、电教室功能弱化，多头共管，资源无序开发与建设导致的资源匮乏与投资浪费矛盾问题。一方面，资源开发、建设投入不足，导致优秀资源严重匮乏；另一方面，对某些地区、领域进行偏好性过度投资，又造成资源浪费。

第三，在《教育信息化发展十年规划》《教育信息化 2.0》等规划的基础上，制定全国教育信息资源建设规划，包括短期、中期和长期规划，解决无序建设问题。加大欠发达地区信息资源建设，制定欠发达地区城乡义务教育信息资源开发与建设规划，发挥西部地区优秀教师的作用，以义务教育阶段教材为主，分阶段开发基于本地需求的校本资源。

第四，构建资源智慧化管理系统，提高资源的智能化管理水平，通过系统对用户进行智能化管理，分析用户需求，自动向用户推介所需资源。分析活跃资源，去除沉积、过时资源，保持资源的时新性、适用性与科学性。

（二）资源统筹与市场运作机制

政府统筹规划与市场运作协同，完善和丰富信息资源。以学习为中心，遵循教育教学发展规律，按《教育信息资源建设技术规范》的要求，围绕课堂教学和课外学习活动，组织教师和信息技术人员开发配套教育信息资源，包括校本资源，为教师提供教学辅助资料，包括课件、教案、教学素材、教学参考等信息资源；为学生提供无处不在的优质学习资源，实施无时无刻、无处不在的学习，强化 STEM 教育、学科交叉学习、科学探索等实践活动。

鼓励企业和个人积极投身教育信息化建设与教育信息资源开发，利用企业在技术和资金方面的优势，构建无差别信息化学习环境，消除区域间的信息鸿沟，共同建设满足不同学习者需求的教育信息资源，实现义务教育阶段优质数字资源全覆盖。

通过市场运营形成教育信息资源开发新机制，政府主导与市场辅助相结合。政府在教育信息资源配置中发挥主导作用，市场起调节作用，越是基础教育层面，政府的主导作用越大。一是政府主导，企业融资，开发和建设信息资源，由政府购买全部服务。二是政府监控保障资源建设的质量，完全由企业出资开发和建设，通过设立专项基金购买专业公司设计和开发的经授权的教育信息资源，免费提供给教师和学生使用。三是完全由企业投资，按义务教育阶段新课标教材要求，系统开发配套的教育信息资源，包括绘本和数字网络资源，由企业直接提供给高端用户。

（三）资源开发与利用激励机制

没有信息资源主体特别是一线教师的积极参与，就无法构建适合教育教学需要的信息资源，无法构建匹配地方特色教学需要的校本资源，也无法发挥信息资源的作用，无法产生效益。因此，需要激励信息资源主体积极参与教育信息资源建设。

一是把学校组织教师开发的信息资源作为教学、科研研究成果进行申报，通过中小学教育信息化专家指导委员会审核评价，按等级给予相应的经费支持，并在教师职称评定中作为科研成果予以确认。二是对教师开发的信息资源进行版权确认，并上传到教育信息资源云服务平台，若资源免费使用，教师将会获得积分，得到相应奖励；若资源有偿使用，教师将会获得相应比例的收益。三是把教师参与信息资源建设、在教学中使用信息资源情况纳入年终考核，对表现突出的教师给予相应奖励，对较少使用或不使用的教师给予警示，促进信息资源的利用。

（四）资源监督、审核与评价机制

成立中小学教育信息化专家指导委员会，对照《教育信息资源技术建设规范》标准，认证、审核、监督、评价教育信息资源建设，保障资源建设质量，提高资源建设水平。以需求为导向，评估教育信息资源建设经费优先投入项目。督促实施《中小学教学信息化指导纲要》以及《中小学信息技术课程标准》，引导各学科教师和科研人员总结、提炼形成信息技术与课程融合的新模式，全面推进农村中小学利用信息技术开展教学活动，利用优质教育信息资源促进教育教学模式和方法的变革。

三、提升农村中小学师生信息素养能力

人是教育信息化发展的核心要素，特别是师生信息素养能力直接关系到信息技术在教育教学中应用、教育信息资源协同配置与应用的深度和广度，是信息技术与学科课程深度融合的关键。师生具备相应信息素养能力不仅是信息时代赋予教师的责任，也是教育可持续发展、构建终身教育体系的重要保障。因此，必须重视农村中小学师生信息素养能力培养与提高。

（一）加强教师信息技术能力培训

制定《农村教师教育技术能力发展规划》和《中小学教师信息素养能力标准》，指导教师信息技术能力培训，健全农村教师全员培训机制和制度，完善培训内容，依托国培项目，采取高校、县、乡、中小学四级联动培训模式，分层、分级、分步对农村中小学教师实施信息技术能力培训，提高农村中小学教师信息技术能力。

推动在教师资格证认定、职务评聘以及考核奖励过程中，把信息素养能力作为必备条件，促使中小学教师掌握基本的信息技术，具备相应的信息资源应用能力，加速推进教育信息资源与学科课程的深度融合，创新教育教学模式和方法，以适应教育信息化发展并满足"数字土著"一代学习的需要。

提供个性化技术支助服务，帮助教师构建个性化数字课程以及终身学习网络平台，为教师提供基于技术的学习体验、进行网上教学设计以及经验分享。

（二）强化学生信息素养能力培养

完善《中小学生信息技术能力标准》，加强包括信息意识、信息知识、信息技能、计算思维、数字化学习与创新、信息社会责任等在内的学生信息素养能力培养，把信息素养能力纳入学生综合素质评价体系。

强化信息技术课程教学，每所农村中小学校按教育部的规定配齐信息技术课程专任老师，严格执行《中小学生信息技术教育课程标准》，开设信息技术必修课，开发和完善适合于中小学生能力水平的人工智能和计算机程序设计课程，推进 3D 打印集成系统进教室，促进信息技术实践应用。把信息技术纳入小学、初中和高中学业水平考试，并作为高考科目，从低年级学生开始，强化学生信息技术核心素养的培养，使学生具备检索、获取、筛选、使用、评价信息资源的能力，促进信息技术和信息资源在学生个性化学习中的应用。

附　　录

附录1　义务教育信息资源配置现状调查教师问卷

尊敬的老师：您好！

　　首先，我们衷心地感谢您在百忙之中抽出宝贵的时间参与此次调查，本调查是为完成一个国家社科项目而进行的。调查对象包括教师、教学管理人员、学校领导等。调查数据是研究结论的依据和研究问题的佐证，您提供的准确、可靠的信息将直接影响本次调查数据的质量和研究所得出的结论。因此，请您仔细阅读问卷，在理解问题的要求后，作出正确的选择。我们保证对您所填写的任何信息予以严格保密，不会向任何人泄露。

　　谢谢您的合作！

　　基本概念：

　　教育信息资源是指以文字、图形、图像、声音、动画和视频等形式储存并可供教学和学习使用的各种信息资源内容以及存贮教育信息的设施、设备。

　　信息工作者是指主要从事信息设计、创造、收集、处理、分发、管理和使用的人。

　　教育信息资源配置是指按照一定的原则和模式，通过不同的手段和方法，将各种教育信息资源进行有机组合和安排，以实现资源利用的最大效率。

1. 您的性别为（　　）。

　　　　A 男　　　　　　B 女

2. 您的主要职务是（　　）。

　　　　A 任课教师　　　B 管理人员　　　C 学校领导　　　D 其他

3. 您的年龄是（　　）。

　　　　A 25 岁以下　　B 26～40 岁　　C 41～60 岁　　D 61 岁以上

4. 您的教龄为（　　）。

　　　　A 5 年以下　　　B 6～10 年　　　C 11～15 年　　　D 15 年以上

5. 您任教的学生是（　　）。

　　　　A 1～3 年级　　B 4～6 年级　　C 7～9 年级　　D 9 年级以上

6. 您的学历是（　　）。

　　　　A 专科以下　　　B 专科　　　　C 本科　　　　D 研究生

7. 您的学校是（　　）。

　　　　A 小学　　　　　B 初中　　　　C 高中　　　　D 完中

8. 您的学校所在地为（　　）。

　　　　A 村　　　　　　B 乡（镇）　　　C 县（市）　　　D 地级市

　　　　E 省会城市

9. 您的职称是（　　）。

　　　　A 初级　　　　　B 三级　　　　C 二级　　　　D 一级

　　　　E 高级　　　　　F 特级

10. 您任教的主要学科是（　　）。

　　　　A 语文　　　　　B 数学　　　　C 英语　　　　D 信息技术

　　　　E 综合实践课　　F 其他_____

11. 提到教育信息资源，您想到的是（可多选）（　　　）。

    A 图书馆文献信息资源　　　B 互联网信息　　　C 电子教材、教案

    D 课件　　　E 数据光盘　　　F 其他_____

12. 您的学校是否有老师负责信息化建设（　　　）。

    A 没有老师　　　B 有兼职教师　　　C 有专职教师　　　D 不确定

13. 您的学校是否有老师负责教育信息资源的建设、更新和管理（　　　）。

    A 没有老师　　　B 有兼职教师　　　C 有专职教师　　　D 不确定

14. 您的学校校园网建设及使用情况是（　　　）。

    A 没有校园网　　　B 有校园网但使用不方便　　　C 不确定

    D 有校园网但很少使用　　　E 有校园网并常在教学中使用

15. 您的学校电子图书馆或电子阅览室建设及使用情况是（　　　）。

    A 没有电子图书馆　　　B 有电子图书馆但使用不方便　　　C 不确定

    D 有电子图书馆但很少使用　　　E 有电子图书馆并常在教学中使用

16. 您的学校多媒体计算机机房建设及使用情况是（　　　）。

    A 没有多媒体计算机机房　　　B 有多媒体计算机机房但使用不方便

    C 不确定　　　D 有多媒体计算机机房但很少使用

    E 有多媒体计算机机房并常在教学中使用

17. 您的学校多媒体教室建设及使用情况是（　　　）。

    A 没有多媒体教室　　　B 有多媒体教室但使用不方便　　　C 不确定

    D 有多媒体教室但很少使用　　　E 有多媒体教室并常在教学中使用

18. 您的学校计算机和互联网使用情况是（　　　）。

    A 没有计算机和互联网　　　B 有计算机和互联网络但使用不便

    C 不确定　　　D 方便使用计算机，但上网不便

    E 方便使用计算机并常使用网络

19. 您的学校网络课程建设及使用情况是（　　　）。

    A 没有建设网络课程　　　B 有网络课程但使用不方便　　　C 不确定

    D 有网络课程但很少使用　　　E 有网络课程并常在教学中使用

20. 您的学校教学平台的建设及使用情况是（　　）。

　　　A 没有建设教学平台　　　B 有教学平台但使用不方便　　　C 不确定

　　　D 有教学平台但很少使用　　　E 有教学平台并常在教学中使用

21. 您的使用移动或手持式设备（如平板电脑、智能手机等）上网的情况是（　　）。

　　　A 没有移动或手持式设备　　　B 有移动或手持式设备，并常上网

　　　C 不确定　　　D 有移动或手持式设备，但不常上网

　　　E 有设备但从不使用除计算机以外的其他设备上网

22. 您目前使用移动设备（比如平板电脑、手机）支持教学和学习的情况是（　　）。

　　　A 从不使用　　　B 很少使用　　　C 不确定　　　D 偶尔使用

　　　E 经常使用

23. 您使用交互软件（微信、QQ 等）与同事或他人交流经验或共享信息的情况是（　　）。

　　　A 从不使用　　　B 很少使用　　　C 不确定　　　D 偶尔使用

　　　E 经常使用

24. 您的学校进行计算机、网络和多媒体使用培训的情况是（　　）。

　　　A 从来没有　　　B 很少培训　　　C 不确定　　　D 每学年培训一次

　　　E 只要老师需要，随时培训

25. 您对信息技术的使用情况是（　　）。

　　　A 不会 / 没用过

　　　B 会一点，基本能操作计算机（开机、关机、打字、简单上网等）

　　　C 能够熟练使用 Word、Excel、PPT 等常用办公软件

　　　D 能够熟练使用常用办公软件，且能在互联网上快速查找并下载所需资源

26. 在教学中遇到困难时，您到互联网上查找答案的情况是（　　）。

　　　A 从来不　　　B 偶尔上网查找　　　C 不确定　　　D 有时上网查找

　　　E 经常上网查找

27. 您主要在(　　)中使用教育信息资源。(请选择其中3项并按重要性排序)

　　　A 备课　　　B 课堂讲授　　　C 课后评价　　　D 个人学习和专业发展

　　　E 组织学生开展自主学习或探究学习　　　F 其他＿＿＿＿＿＿＿

28. 您获取教育信息资源的渠道主要有(　　　　)。(请选择其中 3 项并按重要性排序)

　　　A 网络检索　　　B 从同行或朋友处获得

　　　C 学校教育教学资源库下载　　　D 各类教学资源平台下载

　　　E 自己开发和制作　　　F 其他＿＿＿＿＿＿＿

29. 您在搜集和使用教学信息资源过程中遇到的问题主要有(　　　　)。(请选择其中 3 项并按重要性排序)

　　　A 不能快速找到想要的资源

　　　B 找到的资源内容相对陈旧、更新迟缓

　　　C 资源质量参差不齐，难以筛选

　　　D 与新课程标准/教材不匹配

　　　E 资源拆分与重组困难，使用不便

　　　F 缺少师生交互，学生不能参与

　　　G 缺少相应的支持服务 缺乏美感，艺术性较差

　　　H 其他＿＿＿＿＿＿＿

30. 选择和应用教育信息资源时，您认为比较重要的因素是(　　　　)。(请选择其中 3 项并按重要性排序)

　　　A 资源内容是否科学、准确

　　　B 资源界面导航是否清晰、美观大方

　　　C 资源的交互设计是否灵活、有效

　　　D 资源的媒体运用是否恰当、合理

　　　E 资源是否方便获取　　　F 资源是否便于重组、应用

　　　G 资源是否支持多种终端使用　　　H 资源费用是否合理

　　　I 其他＿＿＿＿＿＿＿

31. 您认为现有教育信息资源没有完全发挥效益的主要原因是（　　　）。

　　　A 获取不便，共享率不高　　　B 不适用，与教学脱节　　　C 不确定

　　　D 没有掌握获取方法，找不到想要的资源

　　　E 缺少整合资源的技术，不知道如何使用

32. 您的学校进行信息技术与课程整合培训的情况是（　　　）。

　　　A 从来没有　　　B 很少培训　　　C 不确定　　　D 每学年培训一次

　　　E 只要老师需要，随时培训

33. 您认为学校需要开展信息技术使用和教育信息资源与课程整合培训的情况是（　　　）。

　　　A 完全不需要　　　B 不需要　　　C 不确定　　　D 需要　　　E 非常需要

34. 根据学科教学需要，您最缺少的教育信息资源是（　　　）。（请选择其中 3 项并按重要性排序）

　　　A 数字化教学素材　　　B 教学课件　　　C 教学案例　　　D 网络课程

　　　E 教学工具类资源　　　F 应用服务类资源　　　G 其他 ＿＿＿＿＿＿＿＿＿＿

35. 在今后的教学中，您最想获得的教育信息资源是（　　　）。（请选择其中 3 项并按重要性排序）

　　　A 课件　　　B 专题网页　　　C 电子教案 / 教学设计

　　　D 电子图书 / 期刊　　　E 题库 / 试卷

　　　F 名师教学案例和多媒体素材

　　　G 微课或微视频（具有完整知识点的在线教学短视频，用于支持学生学习）

　　　H 网络课程和网络教学平台（用于开展网络教学或教学 / 科研活动）

　　　I 仿真模拟软件 / 虚拟实验软件 / 虚拟实验室

　　　J 其他 ＿＿＿＿＿＿＿＿＿＿

36. 为促进专业发展，您最想获得的资源是（　　　）。（请选择其中 3 项并按重要性排序）

　　　A 新课标培训资源　　　B 班主任培训资源

　　　C 教育技术能力培训资源　　　D 教育信息化领导力学习资源

E 学科专业知识资源　　F 教学策略与方法学习资源

G 校园数字图书馆　　H 网络教学 / 教研平台

I 其他 _____

下列题目在相应的选项后划√，①代表"完全反对"、②代表"反对"、③代表"不了解"、④代表"同意"、⑤代表"完全同意"。

题　　目	①	②	③	④	⑤
1. 我认为教育信息资源对教学很有作用	A（　）	B（　）	C（　）	D（　）	E（　）
2. 我经常要求学生课后利用教育信息资源进行学习	A（　）	B（　）	C（　）	D（　）	E（　）
3. 我愿意把自己制作的教育信息资源与学生共享	A（　）	B（　）	C（　）	D（　）	E（　）
4. 我愿意把自己制作的教育信息资源与老师共享	A（　）	B（　）	C（　）	D（　）	E（　）
5. 对学校教育信息化建设的投入我感到很满意	A（　）	B（　）	C（　）	D（　）	E（　）
6. 对学校教育信息化建设的状况我感到很满意	A（　）	B（　）	C（　）	D（　）	E（　）
7. 对学校教育信息资源的管理情况我感到很满意	A（　）	B（　）	C（　）	D（　）	E（　）
8. 对学校教育信息资源的建设情况我感到很满意	A（　）	B（　）	C（　）	D（　）	E（　）
9. 我对教育信息资源非常了解	A（　）	B（　）	C（　）	D（　）	E（　）
10. 我认为现有教育信息资源非常丰富	A（　）	B（　）	C（　）	D（　）	E（　）
11. 教学和学习中我会主动获取教育信息资源	A（　）	B（　）	C（　）	D（　）	E（　）
12. 我会努力从各种渠道搜集教育信息资源	A（　）	B（　）	C（　）	D（　）	E（　）

题 目	①	②	③	④	⑤
13. 我认为教育信息资源非常重要	A( )	B( )	C( )	D( )	E( )
14. 我认为教育信息资源能够丰富生活、促进学习	A( )	B( )	C( )	D( )	E( )
15. 我认为通过信息技术能更好地完善教育信息资源配置	A( )	B( )	C( )	D( )	E( )
16. 我认为掌握有用的信息技术非常不容易	A( )	B( )	C( )	D( )	E( )
17. 我认为有信息技术老师的帮助能更好地认识信息资源	A( )	B( )	C( )	D( )	E( )
18. 我认为有信息技术老师的帮助能更好地使用信息技术	A( )	B( )	C( )	D( )	E( )
19. 我认为有信息技术老师的帮助能更好地配置教育信息资源	A( )	B( )	C( )	D( )	E( )
20. 我认为现有政策法规能有效指导教育信息资源配置	A( )	B( )	C( )	D( )	E( )
21. 我认为现有教育信息资源配置政策法规已很全面、很完善	A( )	B( )	C( )	D( )	E( )
22. 我认为现有政策法规能充分促进教育信息资源共享与传输	A( )	B( )	C( )	D( )	E( )
23. 我认为目前大多数教育信息资源可以无偿获取	A( )	B( )	C( )	D( )	E( )
24. 我认为目前教育信息资源的使用需要付费	A( )	B( )	C( )	D( )	E( )
25. 我认为目前教育信息资源的传递需要付费	A( )	B( )	C( )	D( )	E( )
26. 我认为付费的教育信息资源更有用	A( )	B( )	C( )	D( )	E( )

续表

题　　目	①	②	③	④	⑤
27. 我更倾向于使用免费的教育信息资源	A（　）	B（　）	C（　）	D（　）	E（　）
28. 我认为现有教育信息基础设施建设还不完善，信息资源获取也不方便	A（　）	B（　）	C（　）	D（　）	E（　）
29. 我认为现有教育信息资源能完全满足教学的需要	A（　）	B（　）	C（　）	D（　）	E（　）
30. 我认为现有教育信息资源尚未实现最大程度的共享	A（　）	B（　）	C（　）	D（　）	E（　）
31. 我认为现有教育信息资源开发利用程度不高	A（　）	B（　）	C（　）	D（　）	E（　）

附录 2 义务教育信息资源配置现状调查学生问卷

亲爱的同学：您好！

首先，我们衷心地谢谢您能配合我们完成此项调查，调查是为完成一个国家社科项目而进行的。调查数据是研究结论的依据和研究问题的佐证，您提供准确、可靠的信息将直接影响到本次调查数据的质量和研究所得出的结论。因此，请您仔细阅读问卷，在理解问题的要求后，作出正确的选择。我们保证对于您所填写的任何信息予以严格保密，不会向任何人泄露。

谢谢您的合作！

基本概念：

教育信息资源是指以文字、图形、图像、声音、动画和视频等形式储存并可供教学和学习使用的各种信息资源内容以及存贮教育信息的设施、设备。

信息工作者是指主要从事信息设计、创造、收集、处理、分发、管理和使用的人。

教育信息资源配置是指按照以一定的原则和模式，通过不同的手段和方法，将各种教育信息资源进行有机组合和安排，以实现资源利用的最大效率。

1. 您的性别是（　　　）。

    A 男　　　　　B 女

2. 您的民族为（　　　）。

    A 汉族　　　　B 少数民族

3. 您的学校是（　　　）。

    A 小学　　　　B 初中　　　　C 高中

    D 完中（既有初中和也有高中）

4. 您年级为（　　　）。

   A 1～3 年级　　　B 4～6 年级　　　C 7～9 年级　　　D 9 年级以上

5. 您的学校所在地是（　　　）。

   A 村　　B 乡（镇）　　C 县（市）　　D 地级市　　E 省会城市

6. 下列选项属于信息资源的是（　　　）。（可多选）

   A 图书室信息资源　　B 网络信息　　C 教师所用的电子教材、教案

   D 老师上课用的课件　　E 光盘上的信息　　F 其他_____

7. 学校有专门的老师指导您获取和使用信息资源（　　　）。

   A 从来没有　　B 没有　　C 不确定　　D 有时有　　E 经常有

8. 学校有专门的老师指导您使用计算机和网络（　　　）。

   A 从来没有　　　B 没有　　C 不确定　　　D 有时有　　　E 经常有

9. 您的学校电子图书室建设和使用的情况是（　　　）。

   A 没有电子图书室　　B 有电子图书室但使用不方便　　C 不确定

   D 有电子图书室但很少使用　　E 经常使用电子图书室

10. 您的学校多媒体计算机机房建设和使用的情况是（　　　）。

   A 没有多媒体计算机机房　　B 有多媒体计算机机房但使用不方便

   C 不确定　　D 有多媒体计算机机房但很少使用

   E 经常在上课时使用多媒体计算机机房

11. 您的学校多媒体教室建设和使用的情况是（　　　）。

   A 没有多媒体教室　　B 有多媒体教室但使用不方便　　C 不确定

   D 有多媒体教室但很少使用　　E 经常在上课时使用多媒体教室

12. 您的学校计算机网络使用的情况是（　　　）。

   A 没有计算机网络　　B 有计算机网络但使用不方便　　C 不确定

   D 有计算机网络但很少使用　　E 经常使用计算机网络

13. 您的学校网络课程或教学平台使用的情况是（　　　）。

   A 没有网络课程或教学平台　　B 有网络课程或教学平台但没使用过

   C 不确定　　D 有网络课程或教学平台但很少使用

   E 经常使用网络课程或教学平台

14. 您使用手机、笔记本电脑、平板电脑等多媒体设备上网的情况是（　　　）。

  A 没有这些设备　　　　B 有这些设备但从不使用他们上网　　　C 不确定

  D 有这些设备但很少使用他们上网　　　E 经常使用这些设备上网

15. 您使用平板电脑、笔记本电脑、手机等多媒体设备辅助学习的情况是（　　　）。

  A 没有这些设备　　　　B 有这些设备但在学习中从不使用　　　C 不确定

  D 有这些设备但很少在学习中使用　　　E 经常在学习中使用这些设备

16. 您使用校园网、微信、QQ 等媒体与同学交流或共享信息资源的情况是（　　　）。

  A 从不使用　　　B 不使用　　　C 不确定　　　B 偶尔使用　　　C 经常使用

17. 您的学校开设信息技术理论课的情况是（　　　）。

  A 从没开设　　　B 偶尔开课　　　C 不确定　　　D 每周 1 节

  E 每周 2 节以上

18. 您的学校开设信息技术上机实验课的情况是（　　　）。

  A 从没开设　　　B 偶尔开课　　　C 不确定　　　D 每周 1 节

  E 每周 2 节以上

19. 您使用信息技术的情况是（　　　）。

  A 不会 / 没用过

  B 会一点，只掌握开机、关机、打字、上网等基本操作

  C 能够熟练使用 Word、Excel、PPT 等常用办公软件

  D 能够熟练使用 Word 等常用办公软件，并能利用网络查找和下载学习资源

20. 学习中遇到困难时，您使用网络查找答案的情况是（　　　）。

  A 从来不　　　B 偶尔上网查找　　　C 不确定　　　D 有时上网查找

  E 经常上网查找

21. 您经常使用信息资源的学习活动主要有（　　　）。（可多选）

  A 预习　　　B 完成作业　　　C 复习　　　D 自主学习　　　E 与同学讨论

22. 您获取学习资源的主要渠道是（　　）。（请选择其中 3 项并按重要性排序）

　　　A 网络上　　　B 从同学或朋友处获得　　　C 从学校网站下载

　　　D 从教学平台下载　　　E 从光盘中拷贝　　　F 其他 _____

23. 在搜集和使用学习资源的过程中您碰到的问题主要是（　　）。（请选择其中 3 项并按重要性排序）

　　　A 不能快速找到想要的资源　　　B 找到的资源内容相对陈旧

　　　C 找到资源但不能从网络上下载　　　D 找到的资源与学习内容不一致

　　　E 找到信息资源但不知道怎么使用　　　F 其他_____

24. 学习中您最缺乏的信息资源是（　　）。（请选择其中 3 项并按重要性排序）

　　　A 数字化学习素材　　　B 教师教学课件　　　C 测试题库 / 试题

　　　D 教师教学案例　　　E 学习工具和软件　　　F 老师的上课录像

　　　G 电子图书　　　H 专题学习网站　　　I 其他_____

25. 在今后的学习中您最需要的信息资源是（　　）。（请选择其中 3 项并按重要性排序）

　　　A 数字化学习素材　　　B 教师教学课件　　　C 测试题库 / 试题

　　　D 教师教学案例　　　E 学习工具和软件　　　F 老师的上课录像

　　　G 电子图书　　　H 专题学习网站　　　I 其他_____

　　下列题目在相应的选项后划√，①代表"完全反对"、②代表"反对"、③代表"不了解"、④代表"同意"、⑤代表"完全同意"。

题　目	①	②	③	④	⑤
1. 我认为学校提供的信息资源已很丰富	A（　）	B（　）	C（　）	D（　）	E（　）
2. 我会从很多途径获取信息资源来满足学习的需要	A（　）	B（　）	C（　）	D（　）	E（　）
3. 学习中我会主动从网络或电子图书室查找资源	A（　）	B（　）	C（　）	D（　）	E（　）

续表

题　目	①	②	③	④	⑤
4. 我认为网络上和电子图书室的资料对学习很有帮助	A（　）	B（　）	C（　）	D（　）	E（　）
5. 我认为网络上和电子图书室的资料对学习很重要	A（　）	B（　）	C（　）	D（　）	E（　）
6. 对学校的教育信息资源管理情况我感到很满意	A（　）	B（　）	C（　）	D（　）	E（　）
7. 对学校的网络建设情况我感到很满意	A（　）	B（　）	C（　）	D（　）	E（　）
8. 我认为老师提供的信息资料对学习很有帮助	A（　）	B（　）	C（　）	D（　）	E（　）
9. 我会主动地去获取学习中所需的教育信息资源	A（　）	B（　）	C（　）	D（　）	E（　）
10. 我愿意把信息资源与同学分享	A（　）	B（　）	C（　）	D（　）	E（　）
11. 我认为现有的教育信息资源已很丰富	A（　）	B（　）	C（　）	D（　）	E（　）
12. 我认为教育信息资源非常重要	A（　）	B（　）	C（　）	D（　）	E（　）
13. 对学校建设的信息资源我感到很满意	A（　）	B（　）	C（　）	D（　）	E（　）
14. 有信息技术老师的帮助，我能更好地认识信息资源	A（　）	B（　）	C（　）	D（　）	E（　）
15. 有信息技术老师的帮助，我能更好地使用信息技术	A（　）	B（　）	C（　）	D（　）	E（　）
16. 我认为有信息技术老师的帮助，信息资源会得到更好的建设、分发与管理	A（　）	B（　）	C（　）	D（　）	E（　）
17. 我认为现有的政策法规已能有效地指导信息资源建设、分发与管理	A（　）	B（　）	C（　）	D（　）	E（　）
18. 我认为现有信息资源建设、分发与管理的政策法规已经很全面、很完善	A（　）	B（　）	C（　）	D（　）	E（　）
19. 我认为现有政策法规能充分促进信息资源的共享与传输	A（　）	B（　）	C（　）	D（　）	E（　）

续表

题　目	①	②	③	④	⑤
20. 我认为目前大多数信息资源都可以无偿获得	A（　）	B（　）	C（　）	D（　）	E（　）
21. 我认为信息资源的传递需要付费	A（　）	B（　）	C（　）	D（　）	E（　）
22. 我认为若信息资源付费才能使用的话，它将会更有用	A（　）	B（　）	C（　）	D（　）	E（　）
23. 我更愿意使用免费的信息资源	A（　）	B（　）	C（　）	D（　）	E（　）
24. 我认为现有教育信息基础设施建设还不完善，信息资源获取也不方便	A（　）	B（　）	C（　）	D（　）	E（　）
25. 我认为现有信息资源已能完全满足学习的需要	A（　）	B（　）	C（　）	D（　）	E（　）
26. 我认为现有信息资源还没有实现最大程度的共享	A（　）	B（　）	C（　）	D（　）	E（　）
27. 我认为现有信息资源的开发利用程度还不高	A（　）	B（　）	C（　）	D（　）	E（　）

参考文献

[1] 白佳鑫 . 以矿产资源为原材料的铸造业转型升级路径研究 [D]. 北京：中国地质大学 ,2019:8-9.

[2] 白列湖 . 协同论与管理协同理论 [J]. 甘肃社会科学 .2007，（05）:228-230.

[3] 白倩，沈书生 . 韩国中小学"数字教科书计划"及其对我国的启示 [J]. 外国中小学教育，2019，（09）:64-70+53.

[4] 边家胜，董玉琦 .Society 5.0 时代日本教育信息化的变革与借鉴 [J]. 远程教育杂志，2020，38（06）:32-40.

[5] 曹磊 . 日本电子教科书的发展趋势 [J]. 出版参考，2012，（27）:45.

[6] 查先进，陈明红 . 基于 DEA 的我国网络信息资源配置效率评价 [J]. 图书情报工作，2009，53（09）:16-19+37.

[7] 柴金焕 . 新加坡教育信息化发展战略研究与启示 [J]. 中国教育技术装备，2020，（02）:134-136.

[8] 陈斌，刘侃，胡世辉 . 协同学理论在公立医院改革中的应用探讨 [J]. 医学与社会，2011，24（12）:51-54.

[9] 陈东，肖立志 . 现代远程教育信息资源的评价 [J]. 黑龙江高教研究，2005，（02）:54-56.

[10] 陈琳，王矗，李凡等.创建数字化学习资源公建众享模式研究 [J]. 中国电化教育，2012，（01）:73-77.

[11] 陈明红，查先进.基于 CAS 的信息资源配置自组织研究 [J]. 图书与情报，2009，（03）:36-40.

[12] 陈明选，冯雪晴.我国数字教育资源供给现状与优化策略 [J]. 电化教育研究，2020，41（06）:46-52.

[13] 陈明选，杨静，俞瑜.区域教育信息资源共享现状及问题分析——以无锡市中小学为例 [J]. 现代教育技术，2010，20（6）:75-78.

[14] 陈文东.浅议区域高等教育信息资源共享的政府角色——基于湖南省高校数字图书馆的研究 [J]. 高校图书馆工作，2015，168（35）:23-26.

[15] 陈晓婷.日本实施教育信息化相关法律 [J]. 世界教育信息，2019，32（17）:78-79.

[16] 陈岩.河南省高等教育资源配置评价指标体系研究——基于改进的信息熵的蚁群聚类方法 [J]. 湖北社会科学，2013（06）:82-85.

[17] 陈云，杨年芳.基于公共产品理论的教育资源优化配置研究 [J]. 当代教育论坛，2010，（10）:18-19.

[18] 陈芸芬，雒占福.兰州市基础教育资源空间分布特征及布局效率研究 [J]. 干旱区资源与环境，2017，（01）:44-50.

[19] 成江荣，解月光.农村中小学教育信息化绩效评估指标体系的构建 [J]. 中国电化教育，2011，（02）:47-52.

[20] 程琳.我国教育信息资源均衡配置现状分析与研究综述 [J]. 情报科学，2017，35（07）:170-176.

[21] 褚宏启.教育制度改革与城乡教育一体化——打破城乡教育二元结构的制度瓶颈 [J]. 教育研究，2010，31（11）:3-11.

[22] 丛树海，周炜，于宁.公共支出绩效评价指标体系的构建 [J]. 财贸经济，2005，（03）:37-41.

[23] 崔静，黄水清，周建农，等.基于 DEA 方法的我国农村信息资源配置效率评价研究 [J]. 图书情报工作,2012,56(18):60-64.

[24] 崔英玉 . 解读韩国教育信息化的最新发展战略 [J]. 中国信息技术教育，2011，（22）:67-69.

[25] 大卫·休谟 . 人性论 [M]. 关文运译 . 北京：商务印书馆 ,1996:176.

[26] 戴胜利，李霞，王远伟 . 高等教育资源配置能力综合评价研究——以长江沿岸九省二市为例 [J]. 教育发展研究，2015，（09）:35-42.

[27] 邓露 . 基于 VEC 模型的教育投资效率研究 [J]. 经济评论，2008，（06）:39-52.

[28] 丁小浩 . 中国高等院校规模效益的实证研究 [M]. 北京：教育科学出版社，2000:157.

[29] 范国睿 . 教育公平与和谐社会 [J]. 教育研究，2005，（05）:21-25.

[30] 范坤，王学东 . 基础教育信息资源配置体系研究 [J]. 情报科学，2012，（01）:34-39.

[31] 樊勇明，杜莉 . 公共关系学 [M]. 上海：复旦大学出版社，2007:6-10.

[32] 范先佐 . 农村教师队伍建设需要立体创新 [J]. 辽宁教育，2012,（22）:29.

[33] 方佳诚 . 中日基础教育信息化的比较研究 [J]. 中小学教师培训，2018，（05）:68-73.

[34] 付亚和 . 绩效管理 [M]. 上海：复旦大学出版社 ,2008:4.

[35] 高鸿业 . 西方经济学（第六版）[M]. 北京：中国人民大学出版社，2014:15-18.

[36] 高宁，李景平，张记国 . 基于相关性和 DEA 的西部地区教育资源投入配置的评价与优化研究 —— 以甘肃省为例 [J]. 教育科学，2015，（01）:10-17.

[37] 顾明远 . 教育大辞典（上册）[M]. 上海：上海教育出版社，1998:1896-1897.

[38] 顾小清，林阳，祝智庭 . 区域教育信息化效益评估模型构建 [J]. 中国电化教育，2007（05）:23-27.

[39] 郭娟 . 财政支持对义务教育资源配置效率的影响研究 [D]. 西安：西北大学 ,2012:34-35.

[40] 郭绍青 . 教师信息化教学能力培养策略的个案研究 [J]. 中国远程教育，2009，（06）:58-61.

[41] 韩明 . 面向东南亚的对外汉语教育资源开发策略 [J]. 广西师范大学学报（哲学社会科学版），2011，47（03）:104-108.

[42] 韩晓红，李剑南 . 基于价值链视角的成都皮鞋制造企业竞争力探讨 [J]. 企业经济，2009，（08）:48-50.

[43] 何克抗 . 关于《中小学教师教育技术能力标准》[J]. 电化教育研究，2005，（04）:37-40.

[44] 贺志强，张京彬 . 教育资源建设的项目绩效管理机制研究 [J]. 中国电化教育，2009，（11）:74-79.

[45] 胡昌平，胡吉明 . 网络信息资源集成化配置模型及实现研究 [J]. 情报探索，2008，（03）:3-6.

[46] 胡淼，刘双佳 . 巴黎郊区化进程中教育资源配置策略探析 [J]. 比较教育研究，2014，（07）:46-50.

[47] 胡水星，邱相彬 . 社区网络教学资源的绩效评价研究 [J]. 电化教育研究，2010，（12）:71-73+79.

[48] 胡小勇，刘琳，胡铁生 . 跨区域优质教育资源协同共建与有效应用的机制与途径 [J]. 中国电化教育，2010，（03）:67-71.

[49] 胡小勇，詹斌，胡铁生 . 区域教育信息资源建设现状与发展策略研究 [J]. 中国电化教育，2007，（06）:56-61.

[50] 胡月 , 张哲 , 张海 , 等 . 韩国教育信息化 SMART 阶段发展动向与经验 [J]. 中国信息技术教育 ,2015(Z1):183-184.

[51] 黄德群，毛发生 . 德国教育技术发展研究 [J]. 外国教育研究，2004，（03）:56-60.

[52] 黄松爱，唐文和，董玉琦 . 日本基础教育信息化最新进展述评 [J]. 中国电化教育，2006，（08）:89-93.

[53] 吉祥希 . 法国《数字化助力可信赖校园》报告解读与启示 [J]. 世界教育信息，2019，32（12）:25-29.

[54] 贾靖林，林文婷，熊才平，等.教育信息资源建设：文化的启示 [J]. 现代教育技术 ,2009,19(07) :16-18.

[55] 贾婷月.公共基础教育配置效率：资源优化还是资源浪费 [J]. 上海财经大学学报，2017, (01):49-60.

[56] 贾同，顾小清.教育信息化战略比较研究——基于美、英、澳、日、新五国的国际比较 [J]. 电化教育研究，2018，39（07）:121-128.

[57] 江星玲，熊才平，杨文正，等.教育信息资源用户使用激励机制的数学模型与仿真——基于“教育信息券”的构想与使用分析 [J]. 远程教育杂志 ,2014,32(01) :80-86.

[58] 江永杰.构建我国义务教育财政支出绩效评价体系研究——兼论吉林省义务教育财政支出绩效评价 [D]. 长春：吉林财经大学 ,2013:26.

[59] 蒋太红.中国农村中职教育资源配置效率研究 [D]. 长沙：湖南农业大学 ,2011:23-35.

[60] 焦中明，赖晓云.现代教育技术技能理论与实践 [M]. 北京：中国科学技术出版社，2007:19.

[61] 金贞淑.韩国数字教科书计划及其实施情况 [J]. 世界教育信息，2015，（15）:62-62.

[62] 句华.公共服务中的市场机制：理论、方式与技术 [M]. 北京：北京大学出版社，2006:1-4.

[63] 康德.纯理性批判 [M]. 邓晓芒，译.北京：人民出版社 ,2004:72.

[64] 来钇汝，张立新，秦丹.美国区域教育信息化发展规划的分析与启示 [J]. 现代教育技术，2020，30(06) :26-32.

[65] 雷励华.教育信息化促进城乡教育均衡发展的国内研究综述 [J]. 电化教育研究，2019，40(02) :38-44.

[66] 李刚，程国平.企业组织结构创新绩效评价指标体系研究 [J]. 科技管理研究，2006，（12）:46-48.

[67] 李金秀.试论我国网络信息资源的配置 [J]. 科技情报开发与经济，2009，19（08）:100-103.

[68] 李璐，王运武. 美国信息化基础设施推进路径及其对中国的启示——美国 2017《支持学习的基础设施建设指南》解读 [J]. 中国医学教育技术，2018，32（05）:476-481.

[69] 李卫英. 川黔民族地区基础教育信息资源持续使用意愿影响因素研究——基于期望确认理论视角 [J]. 贵阳学院学报（社会科学版），2017，12（05）:62-69.

[70] 李兴国. 信息管理学（第二版）[M]. 北京：高等教育出版社，2007:9-11.

[71] 李源生，武敏，刘金花. 我国农村信息化建设评价指标的选用研究 [J]. 农业科技管理，2006，（05）:66-68.

[72] 理查德·威廉姆斯. 组织绩效管理 [M]. 北京：清华大学出版社，2002:83.

[73] 刘安长. 关键绩效指标设计在财政支出绩效评价中的应用 [J]. 地方财政研究，2013，（06）:30-33.

[74] 刘成新，徐宣清. 基础教育信息化资源配置的区域性差异研究——以山东省"十五"期间教育信息化发展研究为例 [J]. 电化教育研究，2007，（06）:10-15.

[75] 刘春年，黄弋芸. 信息生态视域下教育信息资源共享的多维视角 [J]. 图书馆理论与实践，2012，（02）:24-27.

[76] 刘昊昕. 湖北省高校教育资源配置效率研究 [D]. 沈阳：东北大学,2009:34-36.

[77] 刘丽君，熊才平，何向阳. 网络环境下教育信息资源动态发展利用研究 [J], 远程教育杂志，2011，（05）:83-88.

[78] 刘媚，吕新. 采用因子分析法综合评价义务教育的发展 [J]. 宁夏师范学院学报（自然科学），2007，（03）:99-102.

[79] 刘世洪. 中国农村信息化测度指标体系研究 [J. 图书情报工作，2007，51（9）:33-36.

[80] 刘向永. 英国基础教育信息化现状及其分析 [J]. 中国电化教育，2001，（07）:10-13.

[81] 刘延东.把握机遇，加快推进，开创教育信息化工作新局面 [EB/OL].
[2018-09-02]. http://www.moe.gov.cn/publicfiles/business/htmlfiles/moe/
s3342/201211/xxgk_144240.html.

[82] 刘远碧，李银川，何洪周.西部义务教育资源配置的现状及优化策略探
究——以成都市为例 [J].教育与教学研究，2018，32（01）:36-45+124.

[83] 刘泽兰.新时代城乡义务教育均衡发展研究——基于罗尔斯的正义原则
视角 [J].现代交际，2019（02）:249-251.

[84] 陆凤红，张新月.民族地区高等教育信息化建设的制约因素和发展思路
[J].科技情报开发与经济，2010，20（05）:110-111.

[85] 陆庆平.公共财政支出的绩效管理 [J].财政研究，2003，（04）:18-20.

[86] 罗伯特·卡普兰，大卫·诺顿.平衡计分卡:化战略为行动 [M].刘俊勇，
孙薇译.广州:广东经济出版社,2004:20.

[87] 罗洁.基础教育信息资源检索结果自动分类研究 [J].中国电化教育，
2013，（07）:120-127.

[88] 罗林.农村义务教育支出绩效评价指标体系的构建 [J].西部财会，2011，
（05）:8-11.

[89] 罗明东，和学仁.发达国家基础教育信息化发展策略之比较 [J].学术探
索，2008，（06）:124-129.

[90] 吕炜，王伟同.中国公共教育支出效率:指标体系构建与经验研究 [J].
世界经济，2007，（12）:54-63.

[91] 马费成，宋恩梅.信息管理学基础 [M].湖北:武汉大学出版社，2011:5.

[92] 马丽.大数据时代的德国信息化战略 [N].学习时报，2014-11-10（002）.

[93] 马娜.新加坡教育信息化实施现状整理与分析 [A].社会发展论丛（第一
卷）[C].重庆市鼎耘文化传播有限公司，2018:2.

[94] 马宁，周鹏琴，谢敏漪.英国基础教育信息化现状与启示 [J].中国电化
教育，2016，（09）:30-37.

[95] 马元丽，费龙.利用技术促进新一代学习——英国基础教育信息化策略
的新发展 [J].中国远程教育，2009，（12）:70-74.

[96] 迈克尔·波特.竞争优势 [M].陈小悦译.北京:华夏出版社,1997:36.

[97] 梅英,李红军.略论民族地区农村基础教育信息化建设的资源选择机制 [J].昆明学院学报,2012,34(03):79-82.

[98] 孟利前,肖海峻.德国教育体制简述 [J].职业教育研究,2010(S1):197-198.

[99] 闵琳芝,李明珠.新加坡大数据变革经验对我国教育变革的启示 [J].湖北社会科学,2018,(07):173-178.

[100] 潘开灵,白列湖.管理协同机制研究 [J].系统科学学报,2006,14(01):45-48.

[101] 潘玉君,姚辉.县域义务教育资源配置结构及空间差异实证——以云南 25 个边境县为例 [J].学术探索,2017,(04):151-156.

[102] 庞祯敬,雷小阳.四川省城乡义务教育经费资源均衡配置实证研究——基于 2001—2010 年省级面板数据的测算 [J].教育理论与实践,2014,(11):12-14.

[103] 彭红光.基于区域云的教育信息资源配置初探 [J].中国教育信息化,2011,(16):84-88.

[104] 彭纪生,吴林海.论技术协同创新模式及建构 [J].研究与发展管理,2000,12(05),12-16.

[105] 彭纪生,仲为国,孙文祥.政策测量、政策协同演变与经济绩效:基于创新政策的实证研究 [J].管理世界,2008,(09),25-36.

[106] 普雷姆詹德.公共支出管理 [M].王卫星译.北京:中国金融出版社,1995:56.

[107] 秦殿启,张玉玮.网络环境下教育信息资源的分类与利用模式 [J].现代情报,2010,30(10):58-60.

[108] 冉隆锋.绩效评价:基础教育评价的应然选择 [J].教育测量与评价(理论版),2010,(05):24-27.

[109] 任保奎,关冠军.北京与部分省市高等教育投入-产出效率比较研究 [J].北京工业大学(社会科学版),2008,(01):77-80.

[110] 任淑萍,赵潜柯.开发统战信息资源为教学科研服务 [J].山西社会主义

学院学报，1999，（01）:43-44.

[111] 任晓辉. 中国义务教育支出效率评价研究 [M]. 上海：复旦大学出版社，2010:78-85.

[112] 任一菲. 法国"数字化校园"教育战略规划概览及启示 [J]. 世界教育信息，2018，31（18）:14-17.

[113] 日本文部科学省. 教育の情報化について－現状と課題 [EB/OL]. [2018-08-24]. http://www.mext.go.jp/component/a_menu/education/micro_detail/_icsFiles/afieldfile/2016/10/13/ 1376818_1.pdf.

[114] 日本文部科学省. 平成 29 年度学校における教育の情報化の実態等に関する調査結果（概要）[EB/OL]. [2022-12-09]. https//www.mext.go.jp/a_menu/shotou/zyouhou/detail/ 1408157.

[115] 荣喜朝. 日本基础教育信息化推进策略及启示 [J]. 教学与管理，2017，（22）:80-82.

[116] 沈有禄. 教育机会分配的公平性问题研究综述 [J]. 现代教育管理，2010，（10）:28-30.

[117] 司晓宏. 优化教育资源配置，促进西部农村义务教育优质发展 [J]. 教育研究，2009，30（06）:17-21.

[118] 孙家保. 湖南省义务教育资源配置绩效评价研究 [D]. 长沙：湖南农业大学,2017:6.

[119] 陶蕾，杨欣. 我国中等职业教育资源配置效率评价及分析——基于 DEA-Malmquist 指数模型 [J]. 教育科学，2015，（04）:26-31.

[120] 汪传雷，刘新妍，王如正. 教育信息资源开发利用法规政策演进研究 [J]. 现代情报，2011，31（06）:3-8.

[121] 汪长江. 高等教育投入产出效率基于经济学的分析与思考 [J]. 浙江海洋学院学报，2007，（02）:112-134.

[122] 王保中，黄松爱. 日本基础教育信息化：当前的举措与成果 [J]. 外国教育研究，2006，（05）:46-51.

[123] 王攀花，张肖. 新加坡与中国的基础教育信息化比较研究 [J]. 软件导刊

（教育技术），2013，12（07）:6-8.

[124] 王巧 . 基于用户需求的教育资源配置系统的研究与实现 [J]. 中国电化教育，2009，（11）:117.

[125] 王秋爽，邹密，姜巧 . 日本教育信息化建设新举措——基于对日本国家政策方针的分析 [J]. 外国教育研究，2020，47（08）:54-69.

[126] 王善迈 . 教育公平的分析框架和评价指标 [J]. 北京师范大学学报（社会科学版），2008，（03）:93-97.

[127] 王学东，贾晋 . 数字校园教育信息资源配置研究 [J]. 情报科学，2005，（01）:11-15.

[128] 王艳林 . 平衡计分卡下高校绩效评价指标体系设计 [J]. 财会通讯，2009，（23）:59-60.

[129] 王玉珊 . 日本教育信息化发展及其启示 [J]. 东北财经大学学报，2012，（03）:83-86.

[130] 维克托 . 迈尔 . 舍恩伯格，肯尼思 . 库克 . 大数据时代——生活、工作和思维的大变革 . 盛杨燕，周涛译 . 杭州：浙江人民出版社 ,2012:35.

[131] 尉小荣，吴砥，余丽芹，等 . 韩国基础教育信息化发展经验及启示 [J]. 中国电化教育 ,2016,(09) :38-43.

[132] 温涛，王小华 . 政府教育资源配置的效率评价和改进路径——以重庆市为例 [J]. 西南大学学报，2013，（02）:48-56.

[133] 吴砥，杨浩，尉小荣等 . 国际教育信息化典型案例（2013-2014）[M]. 北京：北京师范大学出版社，2015:30-34.

[134] 吴砥，余丽芹，李枞枞，等 . 教育信息化评估：研究、实践与反思 [J]. 电化教育研究 ,2018,39(04) :12-18.

[135] 吴全会 . 英国基础教育信息化最新进展述评 [J]. 中小学信息技术教育，2008，（06）:76-78.

[136] 肖军虎，范先佐 . 县域城乡义务教育发展失衡的原因分析——基于对山西省四县（市）的调研 [J]. 河北师范大学学报（教育科学版），2012，14（07）:5-8.

[137] 谢霞飞 . 义务教育均衡发展支出的绩效评价研究——基于 AHP 和模糊综合评判法 [J]. 中南财经政法大学研究生学报，2016（S1）:55-63.

[138] 邢明强，王丽锟 . 基于协同理论的京津冀科技人才共享机制的构想 [J]. 经济研究参考，2016，（40）:48-53.

[139] 熊才平，杨文正，张文超 . 技术支持下的基础教育信息资源公共服务均等化 [J]. 教育研究，2013，34（11）:107-113.

[140] 熊才平，朱爱芝，黄萍萍 . 教育信息资源"区域共建共享"开发应用模式研究 [J]. 开放教育研究，2010，16（01）:40-44.

[141] 熊才平 . 以信息技术促进基础教育信息资源配置城乡一体化研究 [J]. 中国电化教育，2006，（03）:17-20.

[142] 吁佩 . 韩国教育信息化发展的经验及启示 [J]. 科教文汇（中旬刊），2017，（08）:59-61.

[143] 徐晶晶 . 中、美教育信息化可持续发展比较研究及启示 [J]. 中国电化教育，2017，（11）:28-35+51.

[144] 徐莉莉 . 农村新教师城乡一体化培养模式的构建 [J]. 中小学教师培训，2014，（05）:9-12.

[145] 许慎（汉），柴剑虹，李肇翔 . 说文解字（下）[M]. 北京：九州出版社，2001:817.

[146] 许涛 . 美国教育技术基础设施发展及其对我国教育信息化建设的启示 [J]. 数字教育，2017，3（05）:1-9.

[147] 亚当·斯密 . 国富论 [M]. 唐目松，等译 . 北京：商务印书馆,2007:346.

[148] 亚当·斯密 . 国民财富的性质和原因的研究 [M]. 郭大力，王亚南译 . 北京：商务印书馆,1972:272.

[149] 杨斌，解月光，孙艳 . 农村基础教育信息化绩效评估模型的构建 [J]. 中国电化教育，2009，（07）:29-32.

[150] 杨斌，温涛 . 中国各地区农村义务教育资源配置效率评价 [J]. 农业经济问题，2009，（01）:29-37.

[151] 杨东平 . 教育公平三题：公平与效率、公平与自由、公平与优秀 [J]. 教

育发展研究，2008，（09）:26-29.

[152] 杨改学，胡俊杰.教育信息化对少数民族教育发展具有革命性影响 [J].
电化教育研究，2014，35（09）:5-8.

[153] 杨令平，司晓宏.西部县域义务教育均衡发展现状调研报告 [J].教育研
究，2012，33（04）:35-42.

[154] 杨倩茹，胡志强.基于 DEA 模型的我国农村义务教育资源配置效率研
究 [J].现代教育管理，2016，（11）:15-21.

[155] 杨薇薇，黄伟琳，熊才平.区域教育信息资源库建设方案的比较研
究——校校建库与共建中心资源库方案的比较 [J].现代教育技术，
2009，19（10）:44-47.

[156] 杨文正，熊才平，江星玲.优质教育信息资源配置机制的系统动力学
仿真 [J].中国电化教育，2013，313（2）:57-65.

[157] 杨宗凯，熊才平等.信息技术促进基础教育公共服务均等化研究前景
预判 [J].中国电化教育，2005，（01）:70-76.

[158] 姚静华，罗江华.面向社会服务的职业教育信息资源建设路径探析 [J].
中国职业技术教育，2015，（09）:32-38.

[159] 姚雪红.基础教育信息资源区域建设与优化配置研究 [J].情报科学，
2015，（07）:49-53.

[160] 叶晓晨.新加坡基础教育信息化发展战略及其启示 [J].教学与管理，
2018，（16）:82-84.

[161] 殷雅竹，李艺.论教育绩效评价 [J].电化教育研究，2002，（09）:21-22.

[162] 尹德挺，胡玉萍，郝妩阳.首都教育资源配置与人口发展态势的互动
[J].人口与经济，2016，（04）:62-70.

[163] 应望江，李泉英.高校绩效评价指标体系设计及应用研究——以教育
部直属高校为例 [J].国家教育行政学院学报，2010，（02）:45-50.

[164] 于洋，韩增林，彭飞，刘天宝.辽宁省义务教育资源配置差异的时空
演变分析 [J].地域研究与开发，2016，（06）:21-26.

[165] 余胜泉，杨现民，程罡.泛在学习环境中的学习资源设计与共享——

"学习元"的理念与结构 [J]. 开放教育研究，2009，15（01）:47-53.

[166] 俞可 .2030 教育愿景：实现人人享有尊严生活 [J]. 世界教育信息，
2015，28（20）:21-26.

[167] 约翰·斯图亚特·穆勒 . 政治经济学原理（上）[M]. 金镝，金熠译 . 北京：
华夏出版社 ,2009:234.

[168] 岳晶晶 . 我国义务教育资源配置效率——基于 DEA 方法的实证研究
[D]. 西安：西北大学 , 2011:26-27.

[169] 张海，李哲，前迫孝宪，等 . 日本教育技术研究的沿革、现状与未来——访
日本教育工学会会长铃木克明教授 [J]. 现代教育技术 ,2017,27(12) :5-11.

[170] 张鹤 . 日本教育信息化概览 [J]. 世界教育信息，2012，25(09) :46-50+58.

[171] 张红云 . 基于 AHP 法对基础教育公用经费投入与支出效果评价——
以佛山某区为例 [J]. 广东技术师范学院学报（自然科学），2016，
（02）:118-125.

[172] 张进宝，张晓华，赵建华，等 . 国际教育信息化发展报告 (2013-2014)[M].
北京：北京师范大学出版社 ,2014:30-35.

[173] 张素娟 .1999—2008 年我国信息资源配置研究论文统计分析 [J]. 农业
图书情报学刊，2010，22（11）:73-75.

[174] 张玮，李哲，奥林泰一郎，等 . 日本教育信息化政策分析及其对中国的
启示 [J]. 现代教育技术 ,2017,27(03) :5-12.

[175] 张心悦 . 基于协同理论的我国科技计划资金监管政策研究 [D]. 合肥：
中国科学技术大学 ,2018:13.

[176] 张学虎 . 英国基础教育印象（三）——英国基础教育信息化资源建设 [J].
中国现代教育装备，2016，（24）:1-4.

[177] 张屹，刘美娟，周平红，等 . 中小学教师信息技术应用能力的现状评
估——基于《中小学教师信息技术应用能力标准 (试行)》的分析 [J].
中国电化教育 ,2014,(08): 2-7.

[178] 赵慧臣，杨萍 . 美国教育信息资源教师项目的特征与启示 [J]. 远程教育
杂志，2015，33（04）:75-83.

[179] 中共中央办公厅、国务院办公厅 . 国家中长期教育改革和发展规划纲要（2010-2020）[EB/OL]. [2017-07-12]. http://www.moe.edu.cn/public-files/business/htmlfiles/moe/moe_838 /201008/93704.html.

[180] 中华人民共和国教育部 .2017 年 10 月教育信息化工作月报 [EB/OL]. [2017-12-15]. http://www.ict.edu.cn/news/yuebao/n20171205_45928.shtml.

[181] 周红霞 .2030 年教育 : 迈向全纳、公平、有质量的教育和全民终身学习—— 2015 年世界教育论坛《仁川宣言》[J]. 世界教育信息，2015，28（14）:35-38.

[182] 周洪宇 . 实现教育公平促进和谐社会建设 [J]. 民主，2005,（04）:15-17.

[183] 周金燕 . 我国教育公平指标体系的建立 [J]. 教育科学，2006,（22）:13-16.

[184] 周志忍，蒋敏娟 . 整体政府下的政策协同 : 理论与发达国家的当代实践 [J]. 国家行政学院学报，2010，（06），28-33.

[185] 朱丹智 . 义务教育资源配置与优化 [J]. 文化创新比较研究，2018，2（10）:164+167.

[186] 朱水莲，刘春年 . 教育信息资源全生命周期管理模型比较与关键问题分析 [J]. 现代情报，2011，31（11）:17-20.

[187] 朱占峰 . 基于 TSP 约束的城乡一体化物流配送体系的构建 [J]. 物流技术，2011，30（05）:63-66.

[188] 祝智庭，尚春光，郭炯 . 教育技术与教育创新——绩效评价的理论、系统与实践 [M]. 北京 : 高等教育出版社 , 2011:30-31.

[189] ANTHANASSO POULOS. Assessing the comparative efficiency of higher education institutions in the UK by means of data envelopment analysis[J]. Education Economics,1997,5(02):117-134.

[190] Association of American Publishers. Instructional materials funding facts[EB/OL]. [2017-10-13]. http://publishers.org/our-markets/prek-12-learning/instructional-materials-funding-facts.

[191] British Educational Suppliers Association. BESA: ICT use in schools 1991-2015 English maintained schools[EB/OL]. [2018-09-16]. https://39lu337z

5l11zjr1i1ntpio4-wpengine. netdna-ssl.com/wp-content/uploads/2015/08/BESA-ICT-USe-in-Schools.pdf.

[192] CASTRO LEAL. Poverty and inequality in the distribution of public education spending in South Africa[J/OL].Washington DC: World Bank，February 1999. http://documents.worldbank.org/ curated/en/517971468781194575/pdf/multi-page.pdf.

[193] Cedefop. Europen guidelines for validating non-formal and informal learning. Luxembourg: Publications Office of the European Union，2015. Cedefop reference series 104 [EB/OL]. [2018-05-16]. http://www.cedefop. europa.eu/files/3073_en.pdf.

[194] COBB CLARK. Public policy and the labor market adjustment of new immigrants to Australia[J] Springer,2003,16(04):655-681.

[195] DELANEY J A, DOYLE W R. State spending on higher education capital outlays[J]. Research in Higher Education, 2014, 55(05):433-466.

[196] Department for Education and Skills of UK. Five year strategy for children and learners putting people at the heart of public services[EB/OL]. [2018-12-15]. http://www.educationengland. org.uk/documents/pdfs/2004-five-year-strategy.pdf.

[197] Department for Education and Skills of UK. Harnessing technology transforming learning and children's services[EB/OL]. [2018-12-23]. https://www.researchgate.net/ publication/32231449_Harnessing_Technology_Transforming_Learning_and_Children's_Services.

[198] Department for Education of UK. Computing programmers of study: key stages 1 and 2 national curriculum in England[EB/OL]. [2018-09-16]. https://www.computingatschool.org.uk/ data/uloads/primary_national_curriculum_computing.pdf.

[199] Department for Education of UK. Consultation report: changing ICT to computing in the national curriculum[EB/OL]. [2018-09-16]. https://assets.

publishing.service.gov.uk/government/ uploads/system/uploads/attachment_ data/file/193838/consultation_report_changing_ict_to_computing_in_the_ national_curriculum.pdf.

[200] Department for Education of UK. DfE strategy 2015-2020: work-class education and care[EB/OL]. [2018-09-16]. https://www.gov.uk/government/ uploads/system/uploads/attachment_ data/file/508421/DfE-strategy-narrative.pdf.

[201] Department for Education of UK. Nicky Morgan: the benefits of technology in education[EB/OL]. [2018-09-16]. https://www.gov.uk/government/ speeches/nicky-morgan-bett-show-2016.

[202] Department for Education of UK. The national curriculum in England: key stages 1 and 2 framework document September 2013[EB/OL]. [2018-09-16]. https: //assets. publishing. service.gov.uk/ government/ uploads/ system/ uploads/ attachment_ data/file/ 425601/ PRIMARY _national _ curriculum. pdf.

[203] DIANE PAN，ZENA H RUDO. Examination of resource allocation in education connecting spending to student performance[R].Southwest Educational Development Laboratory，Research Report. April 2003. http://www.sedl.org/pubs/policyresearch/policydocs/Executive-summary.pdf.

[204] Division of Technolgy & Career Education Office of Educational Technology. Instructional technology resource teacher guidelines for teachers and administrators[R]. Virginia Department of Education. July 2008. https://www.doe.virginia.gov/support/technology/ administrators_ teachers_staff/teacher_guidelines.pdf.

[205] European Commission. Commission launches 'Opening up Education' to boost innovation and digital skills in schools and universities[EB/OL]. [2017-10-21]. http://europa.eu/rapid/press-release_IP-13-859_en.htm.

[206] European Commission. Digital agenda for Europe（a Europe 2020

initiative）[EB/OL]. [2018-07-16]. http://nortech.oulu.fi/pdf/Elena_ EUDAT_PRESENTATION.pdf.

[207] European Union. The European Union explained: education，training， youth and sport [EB/OL]. [2018-06-17]. https://europa.eu/european-union/ file/1063/download_en?Token= 70063GiJ.

[208] Evert Meijers & Dominic Stead. Policy integration: what does it mean and how can it be achieved? A multi-disciplinary review[J/OL]，2004. http:// userpage.fu-berlin.de/ffu/akumwelt/ bc2004/download/meijers_stead_f.pdf.

[209] FADZILAH ABD RAHMAN, JON SCAIFE, NURUL AINI YAHYA, et al. Understanding instructional technology resource teachers: ways of knowing, ways of doing[J]. International Journal of Instruction, 2010,3(02):83-96.

[210] Federal Communications Commission（FCC）. FAQs on e-rateprogram for schools and libraries[EB/OL]. [2017-03-01]. https://www.fcc.gov/ consumers/guides/universalservice-program-schools-and-libraries-e-rate.

[211] GAJDA R. Utilizing collaboration theory to evaluate strategic alliances[J]. American Journal of Evaluation,2004,25(1):65-77.

[212] HELEN TSAKIRIDOU, KONSTANTINOS STERGIOU. Evaluating the efficiency of primary school education[J]. Advanced Research in Scientific Areas, 2013, 12(02): 279-286.

[213] Instructional technology resource teacher and technology suport position: a handbook for school devision[R]. Virginia Department of Education. 2005. https://www.doe.virginia.gov/ support/technology/edtech_plan/guidelines_ resources/guidance_teacher_handbook.pdf.

[214] JAMES A. Pershing. Handbook of human performance technology (the third edition)[M]. San Francisco: Pfeiffer, 2006:12.

[215] JAVIERA ATENAS, LEO HAVEMANN. Questions of Quality in Repositories of Open Educational Resources: A Literature Review[J]. Research in Learning Technology, 2014, (22):1-13.

[216] KAREN HAWLEY MILES, LINDA DARLING HAMMOND. Rethinking the allocation of teaching resources: some lessons from high performing schools[EB/OL]. Consortium for Policy Research in Education (CPRE), 1997.11. [2019-06-23]. https://repository.upenn.edu/cgi/viewcontent. cgi?article=1079&context=cpre_researchreports.

[217] KIM H S, JEONG K H. Development and usability test of digital textbook viewer for K-12 education[J]. The Journal of Educational Information and Media, 2016, (3):509-531.

[218] KIM YONG LYUN. ICT-based education for school learners in Korea: Policy development for ICT-based education[J]. Journal of East Asian Studies,2016,14(3):239-250.

[219] KIM M, YOO K H, PARK C, et al. Development of a digital textbook standard format based on XML[J]. Advances in Computer Science and Information Technology, 2010,(01):363-377.

[220] LARS ERIK BORGE, LINN RENÉE NAPER. Efficiency protentional and efficiency variation in Norwegian lower secondary schools[J]. Norwegian University of Science and Technology. Finanz Archiv: Public Finance Analysis, Mohr Siebeck, Tübingen, 2006, 62(02), 221-249.

[221] LEEM J H, SUNG E M. Teachers' beliefs and technology acceptance concerning smart mobile devices for SMART education in South Korea[J]. British Journal of Educational Technology, 2018,(3):1-13.

[222] LSE. Learning technology and innovation. PROJECTS: Open Educational Resources（OERs）[EB/OL]. [2018-05-16]. http://lti.lse.ac.uk/projects/digitalliteracy/oers/.

[223] MALLOY, THOMAS E. MERLOT: A faculty-doused website of educational resources[J]. Behavior Research Methods Instruments & Computers, 2001, 33(02):274-276.

[224] Ministry of Education, Korea Education and Research Information Service

(KERIS). 2000 white paper on ICT in education Korea [R]. https://www. keris.or.kr/main/cf/fileDownload.do?fileKey=4feb869f1ba84226242b667ff8 aa149a.

[225] Ministry of Education, Korea Education and Research Information Service (KERIS). 2005 white paper on ICT in education Korea[R]. https://www. keris.or.kr/main/cf/fileDownload.do?fileKey=08434f831bbb035b94da9d93c 0ee5fd1.

[226] Ministry of Education, Korea Education and Research Information Service (KERIS). 2011 white paper on ICT in education Korea[R]. https://www. keris.or.kr/main/cf/fileDownload.do?fileKey=7e66601dd72d0c463829f13 1a2633608.

[227] Ministry of Education，Korea Education and Research Information Service （KERIS）. 2014 white paper on ICT in education Korea[R]. https://www. keris.or.kr/main/cf/fileDownload.do? fileKey=64d0c8ce80094682647973b0 614ed075.

[228] Ministry of Education，Korea Education and Research Information Service （KERIS）. 2015 white paper on ICT in education Korea[R]. http://english. keris.or.kr/Whitepaper/ WhitePaper_ eng_ 2015.pdf.

[229] Ministry of Education，Korea Education and Research Information Service （KERIS）. 2016 white paper on ICT in education Korea[R]. http://keris. or.kr/english/whitepaper/ WhitePaper_ eng_2016.pdf.

[230] Ofsted. ICT in schools 2008-2011[EB/OL]. [2018-09-16]. https://assets. publishing. service.gov.uk/government/uploads/system/uploads/attachment_ data/file/181223/110134.pdf.

[231] PAUL A SAMUELSON. The pure theory of public expenditure[J]. The Review of Economics and Statistics, 1954, 36(04):387-389.

[232] PHILIP COLLIE, LORNA LEWIS. A guide to ICT in the UK education system preparation for BETT 2011[EB/OL]. [2018-09-16]. http://www.

educationimpact.net/media/23170/bett-2011-a% 20guide%20to%20ict%20 in%20the%20uk%20education%20system.pdf.

[233] Powered by technology [R]. Washington DC: Department of Education，2010:1-124.

[234] PREETI TYAGI, SHIV PRASAD YADAV, SINGH S P. Efficiency analysis of schools using DEA: A case study of Uttar Pradesh State in India[J/OL]. Economics of Education Review. CiteSeerX, 2015. https://pdfs.semanticscholar.org/6898/4b407b690e07ac832539066ba32ba21f16be.pdf.

[235] ROGERS D L, WHETTEN D A. Interorganizational coordination: theory, research, and implementation[M].Iowa State University Press,Ames,1982:78-79.

[236] STANK T P, KELLER S B, DAUGHERTY P J. Supply chain collaboration and logistics service performance[J]. Journal of Business Logistics,2001,22(01):29-48.

[237] U.S. Department of Education（USDE）. E-learning: putting a world-class education at the fingertips of all children[R]. Washington，DC: Department of Education，2000:1-73.

[238] U.S. Department of Education（USDE）. Future ready learning: reimagining the role of technology in education [R]. Washington DC: Department of Education，2016:1-106.

[239] U.S. Department of Education（USDE）. Getting America's student ready for the 21st century: meeting the technology literacy challenge[R]. Washington DC: Department of Education，1996:1-73.

[240] U.S. Department of education（USDE）. Toward a new golden age in A merican education: how the internet，the law and today's students are rev olutionizing expectations[R]. Washington DC: Department of Education，2004:1-72.

228 [241] U.S. Department of Education（USDE）. Transforming American

education: learning powered by technology[R]. Washington DC: Department of Education，2010:1-124.

[242] UNESCO. 2012 Paris ORE declaration [R]. [2019-05-12]. http://www. unesco.org/new/ fileadmin/ MULTIMEDIA/HQ/CI/WPFD2009/English_ Declaration.html.

[243] White House. President Obama unveils connect ED initia-tive to bring America's students into digital age [EB/OL]. [2017-05-01]. https://www. whitehouse.gov/the-press-office/2013/ 06/06/ president-obama-unveils-connected-initiative-bring-america-s-students-di.

后 记

　　项目研究是一项集体活动，在形成成果的过程中，项目组成员本着科学、实事求是的态度，不畏酷暑、严寒进行实地调查研究，分发调查问卷，收集、整理、分析统计数据，查阅文献资料，充分体现出学者具有的风范，也体现出团队的精神风貌和较强的凝聚力。作为项目主持人，诚挚感谢项目组成员杨帆、杨文正、胡洁、王万升、范菁等的辛勤付出和辛苦努力。

　　项目调研过程中，得到了云南大学附属中学；楚雄彝族自治州楚雄市北浦小学、环城小学；楚雄彝族自治州南华县大智阁小学、蟠龙小学、岔河小学、龙川中学、海子山中学；大理白族自治州喜洲镇小学、银桥镇磻溪完小、下关七小、新世纪中学、弥渡红岩中学、下关三中；文山壮族苗族自治州广南县北宁学校、广南县二小、莲花中心、旧莫中心小学、文山市第三小学等 9000 多名师生的鼎立支持和帮助，以及研究生张永平、李青碧、朱芮、曹凯、保长省、刘国青、李俨学、杨玲莉等帮助完成问卷发放、收集、数据统计与分析、文献检索等工作，在此一并致谢！

　　项目成果出版得到了国家社会科学基金青年项目"民族地区城乡义务教育信息资源协同配置与绩效评估研究（13CTQ045）"、国家自然科学基金项目"民族地区优质数字教育资源均等化配置机制研究：系统动力学建模与政